Der Staub an ihren Füßen

Teil 1

Der Staub an ihren Füßen

Teil 1

Gedanken zu Ammas Lehren

Von Swami Paramatmananda Puri

Mata Amritanandamayi Center, San Ramon
Kalifornien, Vereinigte Staaten

Der Staub an ihren Füßen – Teil 1
Gedanken zu Ammas Lehren
Swami Paramatmananda

Herausgegeben von:
  Mata Amritanandamayi Center
  P.O. Box 613
  San Ramon, CA 94583
  Vereinigte Staaten

––––––––––– *The Dust of Her Feet - Volume 1 (German)* ––––––––

Erstausgabe: April 2016

In Deutschland: www.amma.de
In der Schweiz: www.amma-schweiz.ch
In India:
  inform@amritapuri.org
  www.amritapuri.org

INHALT

Widmung		6
Vorwort		7
Kapitel 1	Das größte Vorbild	9
Kapitel 2	Sind wir reif für Vedanta?	19
Kapitel 3	Eine scheinbar unmögliche Aufgabe	31
Kapitel 4	Kontakt mit Brahman	45
Kapitel 5	Der Guru ist ein Muss	65
Kapitel 6	Der Guru ist Brahman	77
Kapitel 7	Die Gegenwart des Guru ist einzigartig	85
Kapitel 8	Die Dunkelheit in uns	97
Kapitel 9	Das Ego und das Selbst	107
Kapitel 10	Der Mount Everest der Spiritualität	115
Kapitel 11	Der Durst nach Gottverwirklichung	125
Kapitel 12	Das Wesen von Avataren	135
Kapitel 13	Aufwachen aus einem langen Traum	145
Kapitel 14	Wie ein Schüler die Gnade des Gurus erfährt	159
Kapitel 15	Sadhana und Tränen	167

WIDMUNG

*Gegrüßt sei
Sri Mata Amritanandamayi,
die Universelle Mutter,
die das Elend der Welt beseitigt,
die die innere Dunkelheit ihrer Verehrer vertreibt
und sich offenbart als das Ewige Bewusstsein,
das dem Herzen innewohnt;
die als die Transzendente Wahrheit erstrahlt;
die der Urgrund der Welt und jenseits von ihr ist.*

VORWORT

Seit 1968 führt *Swami Paramatmananda Puri* in Indien das Leben eines Entsagenden. Im Alter von neunzehn Jahren übersiedelte er dorthin, um die spirituelle Essenz dieser großen, alten Kultur in sich aufzunehmen. Im Laufe der Jahre hatte er das Glück, mit vielen heiligen und weisen Persönlichkeiten in Kontakt zu treten, wobei das Zusammentreffen mit seinem *guru Mata Amritanandamayi* im Jahr 1979 den Höhepunkt darstellte. Als *Swami Paramatmananda* Amma zum ersten Mal traf, fragte er sie, wie er sein *sadhana* fortsetzen könne. Ammas Antwort: „Werde wie der Staub unter jedermanns Füßen." So kam der Titel dieses Buches zustande. Als einer ihrer ältesten Schüler wurde er schließlich gebeten, in die USA zurückzukehren und die Leitung des ersten westlichen *ashrams*, des Mata Amritanandamayi-Zentrums in Kalifornien zu übernehmen. Dort lebte er von 1990 bis 2001.

Viele Bewohner und Besucher des Zentrums erinnern sich immer noch gerne an Swamis Vorträge, die seine Erfahrungen in Indien, sein Verständnis von Ammas Lehren, die heiligen Schriften und sein eigenes Leben auf dem spirituellen Pfad umfassten und zu den Höhepunkten des Ashramlebens gehörten. Mit Witz und Humor führte er den Westen und den Osten zusammen und schuf ein Forum spiritueller Bildung für Menschen aus allen Lebensbereichen. Obwohl *Swami Paramatmanda* seit seiner Rückkehr nach Indien keine öffentlichen Vorträge mehr gehalten hat, sind viele Aufnahmen seiner *satsangs* bis dato noch unveröffentlicht. Dieses Buch möchte einen Teil dieses Materials wie auch einige von ihm verfasste Artikel, die nach seiner Rückkehr nach Indien entstanden, verfügbar machen.

Der Herausgeber, M. A. Center
1. September 2014

KAPITEL EINS

Das größte Vorbild

Was erlangt eine Kerze für sich selbst, indem sie abbrennt? Nichts. Ihr eigentliches Wesen besteht gerade darin, ihr Licht an andere weiterzugeben. Mit Bäumen verhält es sich genauso. Sie ertragen die Hitze der Sonne, um denjenigen, die sich unter sie setzen, Schatten zu spenden. Handelt es sich um einen Obstbaum, so dienen seine Früchte anderen zum Genuss. Sogar seinen eigenen Körper bietet er jenen dar, die ihn fällen, um Feuerholz oder Bauholz zu gewinnen. Ein selbstloses Leben in diesem Ausmaß zu führen, ist den meisten Menschen unmöglich. Wir sind vorwiegend selbstsüchtig, doch gibt es ein paar selten anzutreffende Seelen, die ein wirklich selbstloses Leben führen, welches durchaus als übermenschlich bezeichnet werden kann.

Sie kommen aus dem einzigen Grund auf diese Welt, um andere zu demselben seligen Zustand zu führen, dessen sie sich selbst erfreuen. Ihr Leben ist ein einziges langes Opfer. Sie opfern ihre Zeit, ihre Energie, ihre Freiheit, ihre Ruhe, ihre Gesundheit und ihr Privatleben, um uns Geistesfrieden zu schenken und uns den Weg zu zeigen, ihn dauerhaft zu erlangen. Zu Beginn mögen ihre Handlungen dem Zweck dienen, unsere Wünsche zu erfüllen, unsere Ängste und Leiden zu beseitigen, doch letztlich besteht das Ziel darin, uns aus dem langen Traum der *maya* zu unserer egolosen Existenz im *atman* zu erwecken. Dies mag sehr viel Zeit und Energie beanspruchen, doch der einzige Sinn ihres Daseins besteht genau darin. Dies wird nur solange eine abstrakte Idee bleiben, bis wir einem Menschen wie Amma begegnen. Solche Wesen kommen nur selten auf diese Welt und wir sind in der außergewöhnlichen, unvorstellbar glücklichen Situation, mit ihr verbunden zu sein. Amma ist das Vorbild für ihre zahllosen Devotees. Es ist schwer, sich vorzustellen, dass es jemals in der Weltgeschichte ein solches Vorbild gegeben hat, und aufgrund ihrer unerreichbaren Qualitäten können wir niemals hoffen, es ihr auch nur im Entferntesten gleichzutun. Doch gibt es einige Eigenschaften, die wir, wenn auch nur in geringfügigem Ausmaß, entwickeln können. Am offensichtlichsten ist die Selbstlosigkeit. Ammas Leben ist Ausdruck andauernder Selbstlosigkeit.

Keine Bemühung ist jemals vergeblich

Man sagt, was für einen *mahatma* natürlich sei, solle auch von den anderen Menschen kultiviert werden. Indem wir dies tun, werden wir allmählich eingestimmt auf den Geisteszustand des *mahatmas* und nehmen teil an seiner Seligkeit und seinem Frieden. Es ist ein ziemlicher Sprung von unserem gegenwärtig sehr selbstsüchtigen Status zu einem Zustand der Selbstlosigkeit, doch ist es durchaus möglich. Unglücklicherweise besitzen die meisten Menschen, denen wir begegnen und mit denen wir es zu tun haben, nur sehr wenige Eigenschaften, die es nachzuahmen lohnt, und viele von uns übernehmen durch den Umgang die schlechten Eigenschaften. Doch wenn wir auf dem spirituellen Pfad durch den guten Umgang auch nur einen kleinen Fortschritt machen, wird er keinesfalls verloren gehen. Wie *Krishna* in der *Bhagavad Gita* sagt:

"Es gibt hier keine vergebliche Anstrengung und ebenso
wenig gibt es Leid. Schon ein wenig Hingabe befreit
einen von großer Furcht."

–Kap. 2, V. 40

Eine alte Frau starb, und ihre Seele wurde zu *Yama,* dem Richter
des Todes, gebracht. Er sollte die guten und bösen Taten, die sie
in ihrem Leben vollbracht hatte, gegeneinander abwägen. Doch
fand er heraus, dass ihre einzige gute Tat darin bestanden hatte,
einem hungrigen Bettler verachtungsvoll eine Möhre zu hinzu-
reichen. Daher wurde die Möhre beauftragt zu erscheinen, um
dies zu bezeugen. Man sagte der Dame, sie solle sich an ihr festhalten. Nun begann die Möhre, zum Himmel aufzusteigen und
zog die Frau mit sich empor. In diesem Augenblick erschien der
alte Bettler. Er hielt sich an dem Rock der Frau fest und wurde
ebenfalls mit ihr nach oben gezogen. Viele andere taten es ihm
nach, hielten sich an ihm fest, und so wurde die ganze Schar
aufgrund dieses einen Möhren-Almosens himmelwärts befördert.
Plötzlich schaute die Frau nach unten und bemerkte die Kette all
der Seelen, die an ihr hingen.

Sie rief aus: „Fort mit euch! Dies ist meine Möhre!", und
unbewusst hob sie die Hände, um sie von sich fernzuhalten. Sie
hatte die Möhre losgelassen, und mit der ganzen Gruppe stürzte
die arme Frau hinab!

Lob ist ein Feind

Wesen wie Amma gestalten ihr Leben nicht nach der Meinung
oder Ansicht anderer Leute; weder Lob noch Kritik bekümmert
sie. Wie Amma sagt: „Ich benötige niemandes Zustimmung!"
Mahatmas wissen genau, wer und was sie sind und leben immer
im Einklang mit dieser Einsicht. Wenn jemand sie kritisiert,
gehen sie mit sich zu Rate, ob darin irgendetwas Wahres liegt

und korrigieren dann entweder ihr Verhalten oder ignorieren den Tadel einfach. Sie wissen, dass alles, was passiert, aufgrund des universalen Willens geschieht. Da sie fähig sind, die Motive in den Herzen aller Wesen zu erkennen, können sie durch Lob nicht beeinflusst werden. *Sadashiva Brahmendra,* der große *mahatma* des 16. Jahrhunderts, schrieb den folgenden Vers:

> „Obwohl ein Mensch die Welt als ein Bündel Stroh betrachten und das gesamte heilige Wissen in Händen halten kann, ist es dennoch schwer für ihn, der Knechtschaft zu entfliehen, sofern er der Schmeichelei, dieser gemeinen Hure, ergeben ist."

Als er ein *sannyasin* wurde, pflegte er, ganz in sein Selbst versunken, von Ort zu Ort zu wandern. Als er sich eines Tages auf einem Feld ausruhte, benutzte er für seinen Kopf einen Ziegelstein als Kissen. Da kamen einige Frauen vorbei und lästerten: „Was für eine Art *sannyasin* ist das? Er braucht immer noch ein Kopfkissen!"

Als der *swami* sie das nächste Mal kommen sah, warf er den Ziegelstein fort. Die Frauen bemerkten dies und sagten: „Was für ein *sannyasin* ist das, der sich noch immer um die Meinung anderer Leute kümmert!"

Wir können nichts gewinnen, wenn Lob und Tadel uns beeinflussen.

Als Benjamin Franklin ein kleiner Junge war, kam er auf seinem Schulweg an dem Geschäft eines Schmieds vorbei. Man weiß, wie kleine Jungen sind, wenn sie etwas Interessantes sehen - sie stehen einfach wie versteinert da. Ben schaute zu, wie der Schmied sich mit seiner Arbeit abmühte. Er versuchte, ein Werkzeug zu schärfen und benutzte dabei einen Schleifstein. Als er den Jungen so interessiert zuschauen sah, rief er ihn herein und sagte: „He, komm einmal her, du bist ein so netter kleiner Junge. Magst du mein Geschäft? Ich mache einen Rundgang mit dir." Er führte ihn umher und zeigte ihm alles, dann fragte er ihn: „Wohin bist du denn gerade unterwegs?"

„Ich bin auf dem Weg zur Schule."

„Nun, du bist so ein kluger Junge. Kannst du mir nicht helfen? Ich bin sicher, du könntest mir eine Weile dabei helfen, meine Werkzeuge zu schleifen, du bist so ein guter Junge."

Wenn man unschuldige Kinder auf diese Weise lobt, sind sie bereit, alles zu tun. Ben fühlte sich irgendwie verpflichtet und willigte ein, dem Schmied behilflich zu sein.

Was aber machte der Schmied? Er gab ihm den Schleifstein, um die Arbeitswerkzeuge zu schleifen. Nach einer Stunde zermürbender Arbeit fühlten sich Benjamins Arme an, als ob sie im Begriff wären, abzufallen. Er dachte bei sich: „Ich muss jetzt zur Schule, es wird langsam spät. Was passiert hier eigentlich mit mir?"

Er sagte zu dem Schmied: „Hören Sie, ich kann nicht länger bleiben." Der Schmied antwortete: „Oh, du musst der schlaueste Junge in deiner Klasse sein, der allerklügste. Selbst wenn du zu spät zur Schule kommst, wird nichts passieren. Ich bin sicher, du wirst deine Prüfungen bestehen, auch ohne zu lernen. Niemals habe ich einen so netten, kleinen Jungen gesehen wie dich. Du schleifst den Stein wie niemand zuvor."

Obwohl seine Arme sich wie weiche Nudeln anfühlten, beendete der Junge schließlich seine Arbeit und rannte zur Schule. Der Rektor verabreichte ihm eine Tracht Prügel - in jenen Tagen war körperliche Züchtigung die übliche Strafe für unartige Kinder. Danach entschloss sich Benjamin, für den Rest seines Lebens niemals mehr den Lobpreisungen anderer Gehör zu schenken.

Von daher mag auch die Redewendung stammen: „Wenn ein Mensch dich lobt, hat er wahrscheinlich eine Axt zu schleifen."

Wenn man eine Zeitlang bei Amma ist, scheint es oft so, dass andere einen für Dinge kritisieren, für die man überhaupt nicht verantwortlich ist. Nie zuvor scheint man ein derartiges Problem gehabt zu haben. Tatsächlich musste ich viele Jahre diese Erfahrung machen. Es zeigte mir deutlich, wie abhängig ich war von der Meinung anderer. Schließlich - scheinbar ohne besonderen Grund - fragte Amma mich eines Tages, ob ich mich immer noch darüber aufregen würde, wenn andere an mir etwas auszusetzen hätten. Wenn Amma einem eine solche Frage stellt, sollte man absolut aufrichtig sein, denn sie sieht einem ins Innere, als ob es sich in einem Glasschrank direkt vor ihren Augen befände. Ihr nicht die Wahrheit zu sagen bedeutet, dass es einem an Vertrauen und Hingabe mangelt und man sich noch an seinem Ego festklammert.

Ich dachte über ihre Frage nach und sagte: „Über manches immer noch." Danach schienen die ‚Probleme' weniger häufig aufzutauchen. Es hatte für mich den Anschein, dass wir alle gewisse Schwächen haben, die wir überwinden müssen, wenn wir spirituelle Fortschritte machen wollen, und Amma schafft geeignete Umstände, die uns Gelegenheit geben, dies zu tun. Wir müssen einen gleichmütigen Geisteszustand entwickeln, der von Lob und Tadel unberührt bleibt. Dies schafft eine günstige Voraussetzung, damit die Erfahrung des *atman* in uns aufdämmern kann. Wir sollten ernsthaft versuchen, Gleichmut zu bewahren.

Der Stolz des Weisen Narada

Der große Weise *Narada* war stolz auf seine Begabung, die *vina* zu spielen. Ebenso wie Amma es mit ihren Devotees tut, wollte auch *Krishna* diesen Fehler beseitigen

Er lud viele der größten Musiker an seinen Hof nach *Dvaraka* ein. Auch *Narada* kam dorthin. *Hanuman* hingegen erschien dort getarnt als ein ganz gewöhnlicher Affe. *Krishna* bat *Narada*, die *vina* zu spielen, und er gab eine wirklich brillante Vorstellung. Das Publikum erfreute sich an seinem musikalischen Talent und applaudierte aus ganzem Herzen, nur *Krishna* tat es nicht. Nachdem die Vorstellung beendet war, fragte *Krishna Hanuman*: „Sag, Affe, was hältst du von der Musik *Naradas*?"

Narada fasste dies als eine große Kränkung auf und ließ deprimiert den Kopf hängen.

Krishna wollte den Grund dafür wissen: „*Narada*, warum siehst du so niedergeschlagen aus?"

Für einige Minuten verharrte *Narada* in Schweigen. Dann sagte er: „Oh Herr, In dieser Versammlung befinden sich viele große, begabte Musiker. Du hast mich lächerlich gemacht und einen Affen, der nicht einmal die einfachsten Grundlagen der Musik kennt, nach seiner Meinung gefragt. Das habe ich mir in der Tat sehr zu Herzen genommen."

Krishna antwortete: „Lieber *Narada*, fühle dich nicht verletzt! Bitte reiche deine *vina* dem Affen, lass uns herausfinden, ob er etwas vom Vina-Spiel versteht oder nicht."

Daraufhin wurde *Narada* noch ungehaltener und murmelte etwas in sich hinein.

Krishna fragte nach: „ *Narada*, was flüsterst du da? Sag es mir bitte."

Narada antwortete: „Dies ist ein sehr empfindliches Instrument. Es ist mir sehr ans Herz gewachsen. Tatsächlich ist es mir so viel wert wie mein Leben. Das ist ein Affe, er wird es kaputt machen!"

Krishna sagte: „Hab keine Angst, *Narada*! Gib sie ihm, ich übernehme die Verantwortung für deine *vina*."

Widerwillig überreichte *Narada* dem Affen sein Instrument. *Hanuman* war über die beleidigenden Äußerungen des Weisen nicht im geringsten gekränkt. Er war ein *mahatma* mit gleichmütigem Geist und großer Selbstkontrolle.

Der Herr sprach: „Oh Affe, lass uns etwas hören von deiner verzückenden Musik."

Hanuman begann mit inbrünstiger Hingabe "*Ram-Nam*" zu singen und begleitete sich dabei auf der *vina*. Er übertraf die vorherige Darbietung *Naradas*.

Die Zuhörer waren hocherfreut über die Musik. Selbst die Steine schmolzen. Alle lobten ihn, und auch *Narada* war begeistert.

Am Ende sagte *Krishna*: „Narada, ich bin froh zu sehen, dass auch du die Musik des Affen zu würdigen weißt. Es war tatsächlich äußerst erstaunlich."

Beschämt ließ *Narada* den Kopf hängen und fiel plötzlich dem Herrn zu Füßen. Er sprach: „Oh Herr, bitte vergib mir. Wie kann ich die Verdienste anderer beurteilen? Du bist allwissend und der einzig wahre Richter."

Als *Narada* versuchte, seine *vina* von dem Affen zurückzuholen, stellte er fest, dass er sie nicht vom Boden hochheben konnte. Er sagte zum Herrn: „Herr, ich kann meine *vina* nicht vom Boden aufheben! Der Affe hat mir einen Streich gespielt. Bitte sorge dafür, dass ich sie zurückbekomme."

Krishna sagte: „Lass andere versuchen, sie hochzuheben, *Narada*."

Alle versuchten es, doch vergebens. *Krishna* wollte von den anderen Musikern wissen, was der Grund für die Unverrückbarkeit des Instrumentes war. Einer von ihnen bemerkte: „Der Stein, auf welchem die *vina* sich befand, schmolz aufgrund der Musik des Affen und senkte sich ein wenig. Als die Musik vorbei war, erhärtete er sich wieder, und nun steckt das Instrument fest.“

Krishna sagte: „Nun singe, *Narada*, bringe den Stein zum Schmelzen und nimm deine *vina* zurück.“

Narada sang, doch all seine Bemühungen führten zu nichts. Dann bat *Krishna Hanuman*, mit seinem Gesang fortzufahren und die *vina* zu spielen. Innerhalb weniger Minuten war der Stein geschmolzen. Gedemütigt nahm *Narada* seine *vina* zurück. Er begriff nun, dass der Herr diesen Plan geschmiedet hatte, um seinen Stolz zu beseitigen. Er erfuhr, dass der Affe niemand anderer war als der Devotee *Hanuman*. Er umarmte ihn mit großer Herzlichkeit und entschuldigte sich für sein Verhalten.

Auf diese Weise wurde *Naradas* Stolz überwunden, und er wurde ein besserer Mensch. Gelegentlich erlaubt sich der Herr einen Spaß mit seinen Devotees, doch dies dient nur dem Zweck, ihr Ego zu beseitigen.

Stolz ist für den Menschen das größte Hindernis. Es ist schwer, ihn auszurotten. Selbst die besten Menschen fallen ihm zum Opfer. Er beschädigt, was man erreicht hat. Ebenso wie ein sauberes, weißes Blatt Papier durch einen hässlichen schwarzen Fleck verunstaltet wird, so verunstaltet auch Stolz das eigene Leben, das Talent sowie alles, was man geleistet und erreicht hat. Man sei also bereit, ihn durch Demut und die Gnade des Guru hinter sich zu lassen.

KAPITEL ZWEI

Sind wir reif für Vedanta?

Im Hinblick auf das Studium der Schriften sagt Amma folgendes:

> „Im idealen Falle sollte man die meiste Zeit mit *japa* und Meditation verbringen. Eine übermäßige Beschäftigung mit den Schriften hindert einen daran, sich zur Meditation niederzusetzen. Man wird denken; ‚Ich bin *Brahman,* warum sollte ich meditieren?‘ Selbst wenn man versucht zu meditieren, wird der Geist dies nicht erlauben und einen dazu zwingen, aufzustehen. Das Ergebnis der gewonnenen Schriftkenntnis wird immer der Wunsch sein, andere Menschen zu ändern. Was gewinnt ihr denn, Kinder, wenn ihr das ganze Leben mit dem Studium der Schriften verbringt? Niemand wird einen ganzen Sack voller Zucker essen, nur um seinen Geschmack kennenzulernen. Ein kleines bisschen genügt.“

Amma ist der Ansicht, dass spirituelle Aspiranten durchaus die *vedantischen* Schriften, wie etwa die *Brahma Sutras,* die *Upanishaden,* einige von *Shankaracharyas* Werken usw. studieren sollten. Diese Bücher lehren die Philosophie des *advaita* (Nicht-Dualismus), die man folgendermaßen zusammenfassen kann: „Das Universum, du und Gott sind ein unteilbares, universales, absolutes Bewusstsein.“ Besagte Schriften präsentieren diese erhabene

Wahrheit auf vielfältige Weise und illustrieren sie durch zahlreiche Beispiele und Geschichten. Nach traditioneller Auffassung sollte *vedanta* nur denjenigen gelehrt werden,

> „… die sich vorbereitet haben, indem ihre Sünden (adharmische Handlungen) durch strenge Bußen, denen sie sich in vergangenen Leben unterzogen haben, verbrannt wurden und ihr Geist dadurch die nötige Reinheit erlangt hat. Ihr Intellekt ist in der Lage, das Reale vom Nicht-Realen zu unterscheiden, sie sind gleichgültig gegenüber den Freuden dieser oder einer anderen Welt, ihr Geist und ihre Sinne sind unter Kontrolle, ihre Leidenschaften sind niedergehalten, Handlungen haben sie als eine wertlose Bürde aufgegeben; ihr Vertrauen ist fest, ihr Geist ist ruhig, und eifrig streben sie nach Befreiung von der Knechtschaft."
>
> –Advaita Bodha Deepika

Offensichtlich verfügen gemäß dieser Liste von Eigenschaften die meisten von uns nicht über die notwendigen Fähigkeiten. Warum verlangt dann Amma von uns, *vedanta* auf traditionelle Weise zu studieren? Der Grund dafür ist, dass wir zuerst ein intellektuelles Verständnis gewinnen sollten, was das letztendliche Ziel des menschlichen Lebens ist und wie man es erreichen kann. Wenn wir dieses Prinzip der höchsten Wahrheit einmal in uns aufgenommen haben, wird es dauerhaft in unserem Unterbewusstsein verbleiben, selbst wenn wir nicht darüber nachdenken. Es ist von wesentlicher Bedeutung, dass wir eine klare Vorstellung vom eigentlichen Ziel unseres Daseins haben. Sie sollte die Grundlage unseres Lebens sein.

Wir können stärker von Ammas Gegenwart profitieren, wenn wir das, was für sie eine Erfahrung ist, zumindest intellektuell begreifen. Das letztendliche Ziel ihres Lebens als selbstverwirklichte Meisterin besteht darin, uns zu ihrem Zustand unendlichen Friedens zu führen. Auch ermöglicht es ihr, die Dinge rascher voranzutreiben, wenn wir den wahren Zweck unserer Beziehung zu ihr verstehen.

Um nutzbringend zu erfahren, was *vedanta* beinhaltet, müssen wir zuerst die Fähigkeit zur Konzentration auf die Wirklichkeit entwickeln.

Die höchste Wirklichkeit, Gott, *guru*, das Selbst oder *Brahman* sind das Subtilste alles Subtilen. Daher werden verschiedene devotionale Übungen empfohlen, um den Geist zu verfeinern und bewegungslos zu machen. Hingebungsvolle Gesänge, *japa,* Meditation und Gebet sind einige davon. Allmählich wird der Geist zielgerichtet und von äußeren Gegenständen und inneren Gedanken abgezogen. Wir erlangen Konzentrationsfähigkeit auf das Göttliche. Studiert man *vedanta* jedoch ohne Hingabe und ohne einen Meister zu haben, können seltsame Dinge passieren.

Pervertierter Vedanta

In der Zeit, bevor wir in *Amritapuri* Kurse in *vedanta* hatten, wollte Amma, dass einer der jungen Männer aus dem *ashram* bei einer anderen Organisation die Schriften studierte. Später sollte er im *ashram* Residenten unterrichten. Als er von der Lehre hörte, er selbst sei *Brahman*, zog er daraus für sich den Schluss, dass es nicht mehr notwendig sei, Amma zu schreiben, und er stellte die Korrespondenz ein. Amma begriff, was vor sich gegangen war. Sie braucht keine Briefe, um zu wissen, was im Geist eines Menschen geschieht. Sie sagte: „Nun denkt er, er sei *Brahman* und benötige mich nicht mehr." Sie schrieb ihm einen Brief und führte aus: „Mein Sohn, wenn du ‚Zucker' auf ein Blatt Papier schreibst und daran leckst, wirst du dann die Süße schmecken? Dein *Brahman* ist von dieser Art; es ist ‚*Brahman* aus Papier‘.“

Es war einmal eine Frau, die morgens, nachdem ihr Mann zur Arbeit gegangen war, einen Tempel besuchte und dort Vorträge über die tiefere Bedeutung der Schriften, wie etwa dem *Bhagavata Purana* oder dem *Ramayana,* anhörte. Der *pandit* führte aus, dass *Krishna* eigentlich das höchste Selbst sei und die *gopis,* die Freundinnen seiner Jugendzeit, die verschiedenen Nervenkanäle im Körper darstellten, welche durch den Kontakt mit Ihm belebt würden. *Rama* sei Gott und *Sita* die individuelle Seele; *Ravana* sei das Ego mit seinen zehn Sinnesorganen, die Flüsse *Ganges, Yamuna* und *Sarasvati* symbolisierten die *kundalini-shakti* in jedem Menschen usw.

Als sie diese Interpretationen anhörte, dachte sie bei sich: „Das Universum ist in mir. Warum sollte ich mich um all die Verpflichtungen kümmern, wie etwa morgens um 4 Uhr aufzustehen, ein Bad zu nehmen, eine *puja* und diverse andere Rituale durchzuführen?“ Sie beschloss also, diese Dinge von nun an nicht mehr zu tun.

Am nächsten Tag schlief sie bis morgens um sieben, da sie nicht mehr gewillt war, irgendwelche Verpflichtungen auf sich zu nehmen. Ihr Mann, der bereits aufgestanden war, stellte fest, dass kein Wasser für sein Bad vorbereitet war. Er ging also zu ihrem Bett und schimpfte: „Wo ist mein Badewasser? Zwanzig Jahre sind wir nun verheiratet, und jeden Tag hast du das Wasser für mich bereitet; heute jedoch ist keines da. Ist der Brunnen ausgetrocknet oder bist du krank?“

Die Frau gähnte nur, drehte sich auf die andere Seite und sagte: „Die Flüsse *Ganges, Yamuna* und *Sarasvati* befinden sich in dir in Form der *kundalini-shakti*. Du kannst das Wasser von ihnen nehmen.“

Als er sich über ihren pseudo-spirituellen Zustand klar wurde, beschloss er, etwas zu unternehmen. Er sagte also zu ihr: „Oh, ich sehe, du hast einen hohen Verwirklichungsgrad erreicht. Ich denke, du bist nicht in der Lage, heute zu kochen. Ich werde später ins Büro gehen, so dass ich für uns kochen kann."

Die Ehefrau legte sich wieder schlafen, und der Mann bereitete das Frühstück zu. Doch fügte er ihrer Portion die dreifache Menge an Chilis hinzu. Dann ging er daran, alle Wassergefäße im Haus zu verstecken und entfernte auch den Eimer am Brunnen. Danach rief er seine Frau zum Frühstück. Nachdem sie gegessen hatte, wurde sie ganz wild vor Durst und rannte umher, um nach Wasser Ausschau zu halten. Sie lief zum Brunnen, doch dort befand sich kein Eimer. Dann suchte sie überall nach Gefäßen mit Trinkwasser, doch es waren keine da. Sie schrie auf: "Wo ist das Wasser? Ich sterbe!"

Mit einem Lächeln antwortete der Ehemann ruhig: „*Ganges, Yamuna* und *Sarasvati* befinden sich in dir. Warum trinkst du nicht ihr Wasser?" Nun sah die Frau ihren Fehler ein, und obwohl sie die spirituellen Wahrheiten, die sie gelernt hatte, im Gedächtnis behielt, wandte sie sie gleichwohl nie mehr auf ihr tägliches Leben an.

> „Behalte *advaita* im Herzen, aber übertrage es nicht auf deine Handlungen. Doch selbst wenn du es auf alle drei Welten anwenden solltest, so doch niemals auf den *guru*."
>
> –Tattvopadesa, V. 87, Sri Sankaracharya

Amma und alle Weisen der Vergangenheit sagen, dass bloßes Studium der Schriften einem nicht die Erfahrung des Selbst vermitteln kann. *Sadhana* - und nur *sadhana* - vermag den Geist von seinen scheinbar endlosen Gedanken zu reinigen, um Platz für die unmittelbare Erfahrung zu machen. *Sadhana* bedeutet all das, was den ruhelosen Geist auf die Wahrheit fokussiert. Amma sagt:

> „Die Schriften sind wie Anschlagbretter. Sie geben Hinweise, d.h. sie weisen auf das Ziel hin. Dies ist ihr Zweck. Wir können keine Kokosnuss von dem Bild einer Kokospalme bekommen, und wir können auch nicht in der Zeichnung des Grundrisses unseres Hauses wohnen. Wir müssen das Haus erst bauen nach Anleitung dieses Grundrisses, erst dann können wir einziehen. Schriften gleichen also einem Bild oder einem Grundriss. Doch um das Ziel zu erreichen, müssen wir arbeiten."

Amma legt großen Wert auf Meditation. Doch zunächst wäre zu fragen, was ist überhaupt Meditation? Manche haben vielleicht *Patanjalis* Buch ‚Yoga Sutras' gelesen. Dabei handelt es sich um eines der am meisten wissenschaftlichen und analytischen Denksysteme, die dem Menschen bekannt sind. Es ist keine Wissenschaft der materiellen Natur sondern vielmehr eine Wissenschaft der Gedankenkontrolle - die wertvollste Art von Erkenntnis für jene, die nach dauerhaftem inneren Frieden streben.

Es beginnt mit der Definition der Grundlagen des Yoga:

> „Yoga ist das Niederhalten der Modifikationen des Geistes. Danach ruht der Seher in sich selbst. Andernfalls besitzt er dieselbe Eigenschaft die die der Gedankenströme."
>
> –Ch. 1, V. 2-4

Wer ist der Seher? Dasjenige in uns, was ‚Ich' sagt, ist der Seher oder das Subjekt. Normalerweise kommt es zu einer Identifikation des Sehers mit dem Geist sowie dem Körper. Durch die Kontrolle der Gedanken wird diese Identifikation immer mehr geschwächt, und was übrig bleibt, ist unsere wahre Natur - das reine ‚Ich‘. Es klingt sehr einfach und ist es eigentlich auch. Doch mit der unendlichen Komplexität des Geistes umzugehen ist keine leichte Angelegenheit. In der spirituellen Praxis bedeuten ‚einfach‘ und ‚leicht‘ nicht dasselbe.

Warum muss der Geist kontrolliert werden?

Doch wozu eine Kontrolle des Geistes? Amma wird nicht müde uns einzuschärfen, dass wir kein wahres Glück erfahren können, solange der Geist nicht zur Ruhe gekommen ist und wir den Frieden genießen, der aus der Kontrolle des Geistes erwächst. Wir mögen besitzen, was immer wir wollen, eine wundervolle Ehefrau bzw. Ehemann, Kinder, einen guten Arbeitsplatz, eine Lebens- und Krankenversicherung, ein dickes Bankkonto usw. Der Geistesfrieden, den wir durch all diese weltlichen Dinge erlangen, ist überaus zerbrechlich und kann sich jederzeit wandeln. Angenommen, wir verlieren unser Geld, weil die Börsenkurse fallen oder die Inflation steigt, wir erleiden einen Unfall oder werden krank oder ein uns nahe stehender Mensch stirbt? In jedem Augenblick können alle möglichen Dinge schiefgehen. Wenn unser Frieden von äußeren Dingen und Umständen abhängt, gleichen wir einem Vogel, der unsicher auf einem dürren Zweig hockt.“

Amma sagt, es ist besser, den Geist zu stärken, als den inneren Frieden von anderen Menschen oder Gegenständen abhängig zu machen. Die Methode dafür besteht einzig und allein in Meditation und anderen ergänzenden spirituellen Übungen. Einen anderen Weg gibt es nicht.

Der Gravitation im Universum vergleichbar, gibt es auch eine Kraft, *maya* genannt, die unseren Geist und unsere Sinne ständig nach außen in die Welt zieht. Auch verbirgt sie unser

wahres Wesen vor unserem Intellekt und lässt uns glauben, dass
Körper und Geist unser Selbst sind. Aufgrund dieser Tatsache
meinen wir, dass Glück sich außerhalb, statt in uns selbst befindet.
Im Tiefschlaf, wenn es kein Körper- oder Weltbewusstsein gibt,
erhalten wir einen winzigen Schimmer dieses inneren Glückszu-
standes - da ist nur Frieden. Bei unserer unermüdlichen Suche
nach Glück und Frieden taucht ein Wunsch nach dem anderen
auf. Wenn wir einen Wunsch befriedigen und uns eine Zeit lang
friedvoll und glücklich fühlen, lässt dennoch schließlich der Reiz
des Neuen nach und ein anderer Wunsch entsteht. Dies ist die
Natur der *maya*; sie zieht uns ständig in die falsche Richtung, weg
von unserem Selbst. Es ist wie die Karotte, die man dem Ochsen
vorhält, damit er den Karren zieht. Nach jedem kurzen Genuss
zieht man sie wieder von ihm weg - sogar mehrere Leben lang.
Niemals bekommt er sie!

> „Das Glück, das von den Vergnügungen der Welt her-
> rührt, ist nur ein kurzlebiger Widerschein der Wonne,
> die von innen aus eurem eigenen Selbst kommt."
>
> –Amma

> „Wenn man nicht bekommt, was man will, leidet man;
> wenn man das bekommt, was man nicht will, leidet man
> ebenfalls; wenn man genau das bekommt, was man
> will, leidet man noch mehr, denn man kann es nicht
> für immer festhalten. Der Geist ist das Dilemma. Er
> möchte frei sein von allem Wandel, frei von Schmerz
> und frei von der Bindung an Leben und Tod."
>
> –Sokrates

Angenommen, man will einen Felsblock auf die Spitze eines
Hügels hinaufrollen. Man kann lange überlegen, wie das am
besten anzustellen ist. Man kann zu Gott beten und zu ihm

schreien, dass man etwas Wohlwollen von seiner Seite braucht, doch letzten Endes muss man selbst mit aller Macht ständig gegen die Schwerkraft ankämpfen. Wenn man ihn nicht hinaufdrückt, bleibt er entweder am selben Platz liegen oder rollt wieder nach unten. Die Schwerkraft hat keinen Respekt vor den Menschen. Man kann nicht erwarten, dass sie sich ausschaltet, während man sich abmüht. An Feuer verbrennt man sich, ob man es weiß oder nicht. Ob ein Kind oder ein Erwachsener die Hand in die Flammen hält, es brennt. In ähnlicher Weise tanzen alle nach dem Takt der *maya,* ob sie es wissen oder nicht, ob sie es wollen oder nicht. Wenn wir diesem Sog entkommen wollen, ist ständige Bemühung notwendig, je intensiver desto besser. Amma sagt:

„Wir können nicht voraussagen, wann wir Gott erschauen werden. Es hängt von der Sehnsucht des Aspiranten und dem Ausmaß seiner Bemühungen ab. Wenn wir mit einem normalen Bus fahren, wissen wir nicht sicher, wann wir am Bestimmungsort ankommen, da der Bus an vielen Stationen hält. Ein Schnellbus hingegen fährt nur eine begrenzte Zahl von Stationen an, so dass wir die Ankunftszeit mehr oder weniger genau bestimmen können. In ähnlicher Weise können wir, wenn wir unseren Geist stets auf Gott richten, ohne auch nur einen Augenblick zu verschwenden und ohne Anhaftungen vorwärts schreiten, das Ziel relativ schnell erreichen. Fehlt es unserem *sadhana* hingegen an Intensität, ist es schwer vorherzusagen, wann wir zum Ziel kommen werden."

Amma sagt, es ist besser, die Zeit mit Meditation als mit dem ausgiebigen Studium der Schriften zu verbringen. Praxis, in welch geringem Ausmaß auch immer, ist unbedingt erforderlich. Um den Geist unter Kontrolle zu bringen, müssen wir irgendwann damit anfangen, je früher, desto besser. Der Geist springt umher wie ein wilder Affe. Wenn wir die ruhelose Natur des Geistes verstanden haben, sollten wir etwas unternehmen, um ihn zur Ruhe bringen und auf einen Punkt ausrichten. Obwohl es zahllose Mittel gibt, dies zu erreichen, sagt Amma, dass es sich bei *japa* (welches letztendlich zur Meditation führt) um die einfachste und wirkungsvollste Art der Meditation handelt. Schon ein wenig *japa* oder eine andere Art von *sadhana* werden Erfolge zeigen.

„Die Verdienste aus der Meditation gehen niemals verloren. Sie bleiben immer bei euch, allzeit bereit, zur angemessenen Zeit Früchte zu tragen."

–Amma

„Keine Bemühung ist vergeblich, und es entsteht auch kein Schaden daraus. Schon ein wenig Hingabe befreit einen von großer Furcht."

–Gita, Kap. 2, V. 40

Viele sind vielleicht der Meinung, sie hätten keine Zeit, um *sadhana* zu praktizieren. Möglicherweise denken sie: „Ich muss ins Büro; wenn ich nach Hause komme, muss ich mich um die Kinder und das Haus kümmern." Tatsächlich können wir unaufhörlich Dinge finden, die wir zu tun haben. Wenn wir in Wahrheit jedoch unser Leben genau beobachten, stellen wir fest, dass wir enorm viel Zeit damit verbringen, nutzlose Gedanken zu denken. Könnten wir stattdessen nicht unser *mantra* rezitieren oder singen? Natürlich kostet es etwas Bemühung, diese Gewohnheit zu ändern, doch ist es ohne Zweifel möglich.

Jemand sagte mir einmal: "Sie können gut über *sadhana* reden, weil sie nicht in der Welt leben." Tatsächlich ist es nicht möglich, der Welt völlig zu entsagen, es sei denn, man ist ein *mahatma* im transzendenten *Samadhi*-Zustand. Bis dahin wird immer eine Welt existieren, egal wohin man geht. Wir wollen vielleicht die Erde verlassen und im Weltraum leben, doch auch dort gibt es eine Welt. Wahre Entsagung bedeutet, dass unser Geist *japa* praktiziert selbst wenn wir sehr aktiv sind. Natürlich schließen gewisse Aktivitäten wie etwa geistige Tätigkeiten *japa* aus, doch jeden anderen Augenblick sollten wir dafür nutzen, Schriftstudium, Meditation, Bhajansingen, *satsang* oder andere spirituelle Aktivitäten zu praktizieren anstatt mit Freunden zu reden, Magazine zu lesen oder uns anderen modernen Ablenkungen hinzugeben. In diesem Falle können wir rasche spirituelle Fortschritte machen. Anstatt uns bei Amma darüber zu beklagen, dass wir trotz großer Bemühungen spirituell nicht weiterkommen, sollten wir in uns gehen und genau hinschauen, wie viel Zeit wir mit anderen Tätigkeiten und Gedanken verschwenden. Wir sollten uns vergegenwärtigen, dass echte Hingabe oder Meditation sich dann einstellt, wenn der Geistesstrom unaufhörlich zu Gott fließt, „...gleich dem ununterbrochenen Fluss von Öl zwischen zwei Gefäßen." Wir sollten beten: „Lass meinen Geist zu Dir fließen, so wie der Ganges zum Meer fließt."

KAPITEL DREI

Eine scheinbar unmögliche Aufgabe

V on Geburt an finden wir uns unbewusst mit der Tatsache
ab, dass die Natur des Geistes darin besteht, unaufhörlich
zu denken. Nie stellen wir dies in Frage. Wir haben vielleicht gute, schlechte oder neutrale Gedanken. Gefühle, Wünsche
und Ängste sind auch Gedanken, ebenso Bilder und Klänge. Der
Geist ist ein Raum, in welchem Gedanken kommen und gehen.
Er selbst ist weder gut noch schlecht, es sind die Gedanken die
sich entweder *im Einklang oder im Konflikt mit dem dharma
befinden.* Amma sagt, dass aufgrund der Tatsache, dass der Geist
aus nichts anderem als Gedanken besteht, es möglich ist, das end-
lose innere Geschwätz zu stoppen und den Frieden zu genießen,
der die eigentliche Natur des Geistes ausmacht. Tatsächlich ist
dies der Sinn des menschlichen Daseins: Den denkenden Geist
anzuhalten und das zu erfahren, was sich danach einstellt – den
Frieden, der alles Verstehen transzendiert.

Obwohl diese tiefgründige Idee so alt ist wie die indischen
Weisen, verdient sie doch unsere Aufmerksamkeit. Der Geist ist
zum Greifen nah, doch nehmen wir nicht einmal Notiz von ihm,
solange er uns nicht unerträglich geworden ist. Die alten Weisen
sagen, dass die segensreichen Handlungen (*karmas*) aus vergangenen Leben den Wunsch erwecken, den Geist zu verstehen, zu
besiegen und schließlich von seiner Tyrannei frei zu werden. Die

meisten Menschen sind die ganze Zeit mit äußeren Angelegenheiten beschäftigt und betreiben nur wenig Innenschau. Jedermann wünscht sich Geistesfrieden; niemand will vom Geist tyrannisiert werden. Doch um dies zu erreichen, muss man sein inneres Leben auf dieses Ziel ausrichten. Ob das dann ein Leben als Mönch ist oder nicht, spielt keine große Rolle. Unabhängig von der Lebensweise ist man mit dem Geist konfrontiert und muss ihn zähmen. Die Schwierigkeiten sind für alle gleich. Es hat viele spirituell erfolgreiche *sadhakas* gegeben, die keine *sannyasins* waren und andererseits viele Mönche, die gescheitert sind. Das Wichtige ist das Bemühen.

Zuerst die Natur des Feindes verstehen

Um einen Feind zu besiegen, muss man das Wesen dieses Feindes verstehen. Nur dann werden unsere Bemühungen erfolgreich sein. Amma sagt, der Geist sei eine Ansammlung scheinbar endloser Gedanken. Wir können ihn mit einem See vergleichen; ohne eine Brise liegt er ruhig da. Doch wenn eine Brise weht, entstehen Wellen; je stärker die Brise weht, desto größer sind die Wellen. Was sind die Wellen im Fall des Geistes? - Es sind die Wünsche und Ängste.

Wir haben einen instinktiven Wunsch nach endlosem, sorglosen Glück. Doch wie erreichen wir das? Wir sind uns bewusst, dass wir dann und wann Glück erfahren haben. Was war die Ursache dafür? Wenn wir es auf den Punkt bringen, ist es die Erfüllung eines Wunsches, die Glück und Frieden mit sich bringt. Es gibt viele Wünsche, doch gemeinsam ist ihnen, dass sie eine gewisse Unruhe bewirken, solange der Geist von ihnen eingenommen ist, bis sie am Ende befriedigt werden. Dasselbe trifft zu für Ängste. Solange wir uns von den Ursachen für die Furcht nicht befreit haben, können wir nicht glücklich sein. Ängste zu überwinden führt zu Glück und Frieden.

Ist es daher notwendig, das Glück zu suchen, indem man die Wünsche befriedigt? Ist das überhaupt möglich? Wünsche sind endlos; die Befriedigung eines Wunsches zieht sofort einen neuen Wunsch nach sich. Wenn wir unseren Geist beobachten, so scheint es, dass der Frieden, den man nach der Befriedigung eines Wunsches erfährt, Glück ist. Da dies mit einem ruhigen Geist verbunden ist, ist es dann nicht möglich, ihn bewusst ruhig zu stellen und auf diese Weise Glück zu erfahren?

Unglücklicherweise hängen wir hartnäckig der Auffassung an, Glück lasse sich erreichen, wenn die Wünsche erfüllt und die Befürchtungen und Schmerzen beseitigt sind. Wir befinden uns im Hinblick auf diese Illusion gleichsam im Tiefschlaf. Die Tatsache, dass fast alle, die wir kennen, der gleichen Täuschung unterliegen, macht es schwierig, mit dem Aufwachen ernst zu machen.

Ein Alptraum kann uns wirksam aus unserem Schlummer aufwecken – nicht jedoch ein angenehmer Traum. Offenbar ist ein Leben voller Vergnügungen und Genuss dem ernsthaften Nachdenken über das Thema von Leben und Tod nicht förderlich. Manche Menschen wenden sich aufgrund schmerzhafter Erfahrungen und tragischer Aspekte im Leben höheren Zielen zu. Es gibt aber auch die Möglichkeit, mit einem *mahatma* wie Amma in Kontakt zu treten, was zu demselben Ziel führen mag.

Die Notwendigkeit von Meditation

Amma weist alle, die zu ihr kommen, darauf hin, dass die eigene wahre Natur in dem besteht, was wir irrtümlicherweise durch unsere Sinne und unser äußeres Leben zu erlangen suchen. Wir erhalten einen Schimmer davon, wenn der Geist nach einer ziemlich qualvollen Suche vorübergehend still ist, wenn entweder ein erwünschtes Objekt erlangt oder ein leidvolles Objekt beseitigt wurde. Warum ist der Tiefschlaf uns so lieb und teuer? Warum sorgen wir für ein bequemes Bett, Kissen, einen Ventilator und eine ruhige Umgebung? Weil wir in dieser Zeit von der endlosen Ablenkung der Sinne und der Tyrannei des ruhelosen Geistes befreit sind. Wir sinken in unser Selbst. Doch um dies zu einem permanenten Zustand zu machen, müssen wir Anstrengungen im Wachzustand unternehmen, um den Geist in seine Quelle, das Selbst, sinken zu lassen. Doch wie stellen wir das an? Amma fordert uns auf zu meditieren, um den Geist zu verlangsamen und schließlich zum Halten zu bringen. Normalerweise neigen die Menschen nicht dazu, dies zu tun, doch ist Meditation in der heutigen Welt ziemlich populär geworden; es gibt sogar alle möglichen Arten von Meditation, die den individuellen Neigungen entgegen kommen. Ihr unmittelbarer Nutzen, wie etwa die Verringerung des Stress-Levels sowie eine bessere Gesundheit werden weithin anerkannt; nicht nur Einzelpersonen, sondern auch große Firmen und staatliche Organisationen setzen dies in die Tat um.

Gegenwärtig gleichen unsere Gedanken Senfkörnern, die auf den Boden gefallen und nun überall zerstreut sind. Es ist sehr mühsam, sie wieder einzusammeln. Der Erfolg der Meditation hängt von Sammlung und Konzentration ab. Stellen Sie sich das Einfädeln einer Nadel vor. Es ist eine nach außen gerichtete Aktivität, die eine Menge Konzentration beansprucht. Dabei sinkt die Atemfrequenz und der Geist wird konzentriert. Der Vorgang der Meditation ist dem sehr ähnlich. Man kann sich bei ihr auf einen äußeren Gegenstand, einen inneren Klang, ein Bild oder ein Gefühl konzentrieren. Amma sagt:

„Kinder, den Geist aufzufordern, zu meditieren, gleicht dem Versuch, ein Stück Holz unter Wasser zu halten. Sobald man es loslässt, schnellt es wieder nach oben. Falls Meditation nicht möglich ist, macht *japa*. Dadurch wird der Geist für Meditation empfänglich. Zu Anfang ist Meditation über eine Form oder Gestalt notwendig. Der Geist wird hierdurch auf die eigene geliebte Gottheit (*ishta devata*) fixiert. Wie immer man meditiert und was immer der Meditationsgegenstand ist, Konzentration ist in jedem Fall wichtig. Was nützt es, einen Brief zu frankieren, aber keine Adresse darauf zu schreiben? *Japa* und Meditation ohne Konzentration auszuüben, ist dem sehr ähnlich."

Amma spricht hier an, dass Konzentration von wesentlicher Bedeutung und Meditation keine leichte Aufgabe ist, doch kann man dahin gelangen mit Hilfe der richtigen Methoden wie etwa *japa* und einem gewissen Durchhaltevermögen.

Amma vergleicht die spirituelle Praxis manchmal mit dem Versuch, eine Kokospalme hinaufzuklettern. In Kerala, wo Amma lebt, gibt es Millionen Kokospalmen. Wisst ihr, wie man an die Kokosnüsse gelangt? Es gibt keine Arbeitskörbe oder Hebebühnen, mit denen man jemanden in diese große Höhe befördern könnte. Jemand muss hinaufklettern. Diese Menschen benutzen oft nicht einmal ein Seil, das um den Baum herumreicht und sie vor dem Hinunterfallen schützen kann. Sie klettern einfach bis zu den Palmwedeln, halten sich mit den Beinen und einer Hand fest und schneiden mit einem großen Messer in der anderen Hand die Nüsse ab. Jeder, der einmal versucht hat, eine Kokospalme hinaufzuklettern, weiß, wie schwierig es ist. Man schafft vielleicht einen Meter oder etwas mehr, doch dann rutscht man hinunter, weil es nichts gibt, woran man sich festhalten kann. Die Kletterer schneiden zwar Einkerbungen in die Bäume, um zumindest einen geringen Halt zu gewährleisten, doch sind jene nicht von der Art, dass man sich auf sie verlassen oder sein Leben von ihnen abhängig machen würde. Bis vor kurzem war es so: Wenn man in eine Kletterer-Familie hineingeboren wird, ergreift man automatisch diesen Beruf, ob man will oder nicht, denn auf diese Weise verdient man seinen Lebensunterhalt. Der Baumkletterer lehrt seinen Sohn, es immer und immer wieder aufs Neue zu versuchen - bis er es schließlich kann. Er kann nicht einfach aufgeben, nur weil es schwer ist. Wie soll die Familie dann überleben?

An einem gewissen Punkt werden wir einsehen, dass es keinen anderen Weg gibt, Frieden zu erlangen, als den Geist in die Tiefe sinken zu lassen. Dann fassen wir den festen Entschluss: „Tue es oder stirb!", und strengen uns an, das Ziel zu erreichen, wie groß die Schwierigleiten auch sein mögen. Wir werden nicht nach fünf Minuten Meditation zu uns selbst sagen: „Es klappt nicht, ich kann meinen Geist nicht kontrollieren. Er ist zu unruhig." Wie die Sprichwörter sagen: „Wenn sich der Erfolg anfangs nicht einstellt, versuche es immer wieder" oder „Übung macht den Meister." Den Geist anhalten und seinen Anfangspunkt erreichen zu wollen, gleicht dem Vorhaben, einen mächtigen Fluss stromaufwärts zu schwimmen, um zu seiner Quelle zu gelangen. Es ist möglich, jedoch nur mit großer Anstrengung.

Jeder *sadhak* hat diese Erfahrung gemacht, dass nach wiederholten Bemühungen, den Geist zu kontrollieren, es so scheinen mag, als ob es sich dabei um ein unmögliches Unterfangen handele. In der *Bhagavad Gita* bringt *Krishnas* Devotee *Arjuna* denselben Einwand vor und *Krishna* ermutigt ihn mit einem sehr wirkungsvollen Ratschlag.

Arjuna sagte:
„Dieser *yoga* besteht in Gelassenheit, wie es von Dir, oh Zerstörer *Madhus*, gelehrt wurde. Ich vermag jedoch aufgrund der Unruhe (des Geistes) nicht zu erkennen, wie sie von Dauer sein kann. Der Geist, oh *Krishna,* ist wahrlich ruhelos, ungestüm, stark und widerspenstig. Seinen Widerstand halte ich für genauso hartnäckig wie den des Windes."

Der gesegnete Herr sprach:
„Zweifellos, oh mächtig bewaffneter *Arjuna*, ist der Geist schwer zu beherrschen und voller Unruhe, doch durch Übung und Gleichmut kann er gezähmt werden, oh Sohn *Kuntis.*"

–Kap. 6, V. 33-35.

Amma sagt, dass man, falls man nicht meditieren kann, *japa* machen soll. Es bedeutet die Wiederholung eines Mantras oder der Namen Gottes. Einige der größten Heiligen Indiens erlangten Größe durch *japa.* Selbstloser Dienst, Lobgesänge auf Gott (*bhajana*), *japa* und dann Meditation (*dhyana*) läutern nach und nach den Geist von Gedanken und führen zum Aufgehen in Gott (*samadhi*), der Quelle des Geistes. Die Aufgabe, Geistesfrieden zu erreichen, stellt wahrlich eine Übung in Demut dar. Wir begreifen schließlich, dass unser Bemühen allein nicht ausreicht. Hier ist es, wo die Hingabe ins Spiel kommt - sie erwächst aus dem Gefühl der Hilflosigkeit.

Bemühung ist wichtig

Mirabai war eine indische Prinzessin des 16. Jahrhunderts, eine große Heilige und Verehrerin *Krishnas.* Sie rezitierte ständig seinen Namen. *Tulsi Das,* der Autor des berühmten Buchs über

Hingabe, *Ramacharitamanasa*, auch *Tulasi Ramayana* genannt, wiederholte ständig: "*Ram, Ram*". *Namadev* sang: "*Rama Krishna Hari*". Alle diese *mahatmas*, so wie viele andere vorher und nachher, wiederholten immer wieder die Namen Gottes, bis es in ihrem Geist keinen anderen Gedanken mehr gab. Wenn man diesen Zustand erreicht, leuchtet im geklärten Geist durch Gottes Gnade seine beseligende Gegenwart auf. Sowohl unsere Bemühungen als auch die Gnade Gottes sind nötig, um diesen friedvollen und glücklichen Zustand zu erreichen.

Es gab einmal eine Frau, die drei Söhne hatte. Ihr Mann war bald nach der Geburt des letzten Sohnes gestorben, und so musste sie sie allein aufziehen. Alle drei entwickelten sich zu wunderbaren Menschen. Als ein Verwandter die Söhne sah, fragte er die Frau:

„Wie hast du es geschafft, diese großartigen Jungen ganz allein aufzuziehen?"

„Nun, es bedurfte dazu der Entschlossenheit und der Gnade", antwortete sie.

„Was meinst du damit?"

„Ich pflegte zu Gott zu beten: ‚Ich gebe die Entschlossenheit, gib du die Gnade.'"

Es erinnert an die bekannte Redewendung: ‚Gott hilft denen, die sich selbst helfen.' Dasselbe trifft auf das spirituelle Leben zu.

Wir erlangen die Gnade Gottes oder unseres *guru* nicht dadurch, dass wir einfach ruhig dasitzen. Es sind unsere Aufrichtigkeit, unsere Demut und unsere Bemühungen, welche die Gnade zu uns hinziehen. Wer Gnade empfängt, weiß, dass er nichts und Gott alles ist. Je demütiger man wird, desto mehr Gnade fließt einem zu. Amma sagt:

„Wie stark es auch regnen mag. das Wasser wird nicht auf dem Dach eines Hauses oder der Spitze eines Berges bleiben. es fließt von dort in die Täler hinab. Nichts wird erreicht, solange der Sinn von „Ich" noch da ist. Die Gnade fließt nur in uns, wenn wir die demütige Haltung ‚Ich bin nichts" besitzen. Der Egoist wird selbst aus den günstigen Umständen, die ihm dargeboten werden, keinerlei Nutzen ziehen. Immer müssen wir die Haltung „Ich bin nichts" einnehmen. Wenn der Same aufkeimen soll, muss er sich ins Erdreich begeben mit der Haltung ‚Ich bin nichts'. Es kann nicht in seine wahre Natur als Pflanze hineinwachsen, wenn er hochmütig denkt: ‚Warum sollte ich mich in die schmutzige Erde hinab begeben?' In ähnlicher Weise wird sich auch unsere wirkliche Natur nur dann entfalten, wenn wir Demut entwickeln, wenn unser Ego dazu gebracht wird, sich vor dem höchsten Wesen und seiner Schöpfung niederzubeugen und alles als Ihn wahrzunehmen. Diejenigen, welche meinen ‚Ich bin groß und etwas Besonderes', sind in Wirklichkeit kleiner als irgendjemand anderer. Sie werden immer bemüht sein, ihr Ego in den Vordergrund zu stellen, während sie handeln. Gleich einem übervollen Ballon werden auch sie irgendwann platzen. Die wirklich großen Menschen sind jene, die sich als Diener Gottes begreifen und auch allen anderen mit Einfachheit und Demut dienen. Die Höchste Wirklichkeit existiert in uns, doch wir sind uns dessen nicht bewusst. Aufgrund unseres Egos verbleiben wir auf der weltlichen Ebene der Wirklichkeit, und das ist der Ursache, warum wir diese Wahrheit nicht kennen."

Ein *mahatma* ist nicht jemand mit einem großen Ego, sondern vielmehr jemand mit einer großen Seele, die frei vom Ego ist.

Unterschiedliche Arten von Demut

Ein mächtiger König ging einmal in eine Moschee, um zu beten. Er begab sich am frühen Morgen dorthin, als niemand anderer anwesend war. Er kniete nieder und fing an zu beten: „Oh Gott, ich bin ein Niemand, ich bin nichts als der Staub zu deinen Füßen." Nachdem er dies gesagt hatte, vernahm er plötzlich, dass jemand in einem anderen Teil des Tempels dieselben Worte wiederholte. Der König wurde ärgerlich, Er rief aus: „Wer sagt da, er sei niemand? Wenn ich sage, ich sei niemand, wer kann dann dasselbe behaupten?" Der König machte sich auf die Suche nach dem Missetäter und fand einen Bettler. Er sprach zu ihm: „Merke dir, wenn ein König sagt, er sei niemand, kann kein anderer dies behaupten, erst recht kein Bettler, wie du einer bist!" Manchmal wird selbst Demut zu einer Quelle des Stolzes. Man sagt, dass ein wirklich demütiger Mensch sich seiner Demut nicht einmal bewusst ist.

Vor langer Zeit lebte ein Heiliger, der so gütig war, dass sogar die Halbgötter vom Himmel herabstiegen, um ihn zu sehen. Sie baten Gott, ihm die Macht zu verleihen, Wunder zu vollbringen und Gott willigte ein.

„Geht und fragt ihn, welche Art Wunder er vollbringen möchte", sagte der Herr zu den Göttern.

Als einige der Götter - welche den römischen Gottheiten mit all ihren menschlichen Fehlern sehr ähnlich waren - den Heiligen aufsuchten, fragten sie ihn, welche übernatürlichen Kräfte er zu erhalten wünschte. Der Heilige antwortete: „Ich wünsche mir nichts anderes als die Gnade Gottes. Wer sie besitzt, besitzt alles."

Die ignoranten Götter entgegneten: „Aber du musst um eine Gunst bitten, andernfalls wird dir irgendeine aufgezwungen."

„Gut", sagte der Heilige, „dann verleiht mir die Fähigkeit, viel Gutes zu bewirken, ohne dass ich mir dessen überhaupt bewusst bin."

Die Götter waren verblüfft. Sie beriefen eine Versammlung ein und beschlossen folgenden Plan: Jedes Mal, wenn der Schatten des Heiligen hinter ihn fiele, so dass er selbst ihn nicht würde sehen können, sollte er die Macht haben, Krankheiten zu heilen sowie die Qual leidender Menschen zu lindern und sie zu trösten.

So geschah es, dass überall dort, wohin der Heilige sich begab, trockene Pfade sich begrünten, verdorrte Bäume zu blühen anfingen, ausgetrocknete Flüsse wieder Wasser führten und die Menschen um ihn herum glücklich wurden. Doch von alledem wusste er nichts. Er ging einfach seinen täglichen Verrichtungen nach und verbreitete segensreiche Dinge um sich herum, einer Blume gleich, die ihren Duft ausströmt, ohne davon zu wissen.

Bemühen und Gnade

Eines Morgens saß eine Gruppe von Ashrambewohnern vor der Hütte, in der Amma zu dieser Zeit wohnte. Als ich dort ankam, hatte Amma schon mit der Meditation angefangen. Rasch setzte ich mich hin. Als ich zu meditieren versuchte, stellte ich fest, dass es dem Vorhaben glich, einen betrunkenen Affen zu bändigen. Plötzlich wurde mein Geist ruhig und konzentriert. Ich konnte nicht verstehen, was geschehen war. Ich öffnete meine Augen und sah Amma, die ein paar Meter entfernt saß. Ich stand auf und ging in die Hütte, um mich auszuruhen.

Kurz danach kam Amma herein. Sie fragte mich, wie meine Meditation gewesen sei. Als ich ihr berichtete, was geschehen war, sagte sie: „Als du kamst und dich in meine Nähe setztest, spürte ich deine Gegenwart und mein Geist ging in diese Richtung.

Er nahm die Form *Brahmans* an und ging in dich. Dies ist der Grund dafür, dass dein Geist fähig wurde, sich zu konzentrieren." Wie kann der Geist die Form *Brahmans* annehmen? Ich habe nicht die geringste Ahnung, doch dies waren Ammas Worte.

„War das deine Gnade, Amma?"

„Wieso zweifelst du daran?"

„Nun, ich hätte gern, dass dieser Augenblick länger andauern würde. Wie kann ich etwas mehr von dieser Gnade erhalten?"

„Es ist nicht etwas, was du in einem Geschäft kaufen kannst, mein Sohn, du musst dich einfach danach sehnen, das ist alles."

„Muss ich mir die Gnade verdienen?"

„Du kannst sie dir nicht verdienen. Gnade ist nicht etwas, was von Verdienst abhängt. Sie fließt einfach. Fahre fort mit deinem *sadhana* und wenn es Ammas Geist berührt, wird die Gnade in dich fließen. Das ist alles."

Vielleicht denken manche Devotees: „Heute habe ich zehn Minuten meditiert, ich sollte also mindestens fünf Sekunden Gnade erhalten." Für die Gnade zu arbeiten ist kein Abkommen. Wir müssen dafür arbeiten, haben aber vielleicht nicht das Gefühl, wir würden sie bekommen, selbst am Ende des Lebens nicht. Wir müssen dennoch unsere Pflicht tun und warten. Manche sagen vielleicht: „Dieser Mensch hat kaum *sadhana* praktiziert, doch er erlangte Gottes Gnade und wurde über Nacht zu einem Heiligen - einfach so."

Wenn wir je eine solch seltene Seele antreffen, dann ist sicher, dass sie sich in ihren vorherigen Leben intensivem *tapas* unterzogen haben muss.

In Nordindien gibt es viele Villen, die vor einigen hundert Jahren zur Zeit der britischen Kolonialherrschaft gebaut wurden. Eines Tages säuberten ein Gärtner und seine Arbeiter das Gelände einer Villa und entfernten dort Unkraut und anderen

Wildwuchs. Plötzlich traf die Hacke des Gärtners auf etwas Festes, ein Wasserstrahl schoss in den Himmel. Alle waren erstaunt und riefen aus: „He, wo kommt denn das her?" Man untersuchte die Angelegenheit und fand heraus, dass dort ein völlig unversehrter schöner Brunnen war, Jahrhunderte lang von Pflanzen überwuchert.

Ähnlich verhält es sich, wenn wir jemanden sehen oder von ihm hören, der einen hohen spirituellen Zustand mit wenig oder gar keinen Bemühungen erreicht hat. Dies geschieht nicht durch eine besondere Form von Gnade, sondern vielmehr aufgrund intensiver Bemühungen in früheren Leben, die jetzt Früchte tragen.

Ein kleiner Vogel legte einmal ein Ei am Rande des Ozeans. Natürlich wurde das Ei bald von den Wellen weggespült. Die kleine Vogelmutter war sehr aufgeregt und wütend und um den Ozean auszutrocknen und ihr Ei wieder zu bekommen, tauchte sie ihre Flügel ins Wasser und schüttelte sie am Strand aus. Dies ging eine sehr lange Zeit so weiter, bis schließlich der himmlische König der Vögel, *Garuda,* herbeieilte, um zu sehen, was seine kleine Devotee dort veranstaltete.

„Was machst du da?", fragte er das Vögelchen. Als er hörte, worin das Problem bestand, schmolz sein Herz vor Mitgefühl für die Notlage des armen kleinen Vogels. Er begann, mit den Flügeln zu schlagen, und da er sehr mächtig war, erzeugte er Flutwellen und brachte den ganzen Ozean samt seiner Geschöpfe in Aufruhr. Schließlich erschien der Gott des Ozeans und fragte: „Worum geht es, Herr?"

Garuda sagte: "Du hast das Ei der kleinen Vogelmutter fortgespült."

„Wirklich? Ich habe es nicht einmal bemerkt."

„Gib es zurück oder ich höre nicht auf, mit den Flügeln zu schlagen, bis du ausgetrocknet bist!"

Also schaute der Ozean umher, fand das Ei und gab es dem kleinen Vogel zurück.

Dies ist eine Geschichte aus den *Upanishaden*. Sie beschreibt die Wirkungsweise der Gnade. Obwohl die Aufgabe, den Geist zu zähmen und das Selbst zu erfahren in unserem jetzigen Zustand, in dem wir uns mit Körper und Geist identifizieren, unmöglich zu sein scheint, werden unsere intensiven Bemühungen schließlich das Herz unseres *guru* erweichen und die Gnade wird fließen. Sie wird alle Spuren der *maya* beseitigen und uns zu unserer wahren Natur erheben. Wir müssen uns bemühen und warten. Der *guru* kennt seine Verantwortung.

KAPITEL VIER

Kontakt mit Brahman

Im 9. Jahrhundert lebte in Persien ein Sufi-Mystiker namens Mansur All Hallaj. Er gilt als die umstrittenste Persönlichkeit in der Geschichte des islamischen Mystizismus und ist der Prototyp des berauschten Gott-Liebenden. Wenn er sich in einer göttlichen Stimmung befand, pflegte er zu sagen: „Anna al Haqq", was bedeutet: „Ich bin die Wahrheit". Manchmal rief er aus: „Mein Turban ist um nichts anderes als Gott gewickelt, in meinen Mantel steckt nichts anderes als Gott. Ich bin er, den ich liebe, und er, welchen ich liebe, bin ich. Wir sind zwei Seelen in einem Körper. Wenn ihr mich seht, seht ihr ihn und wenn ihr ihn anschaut, schaut ihr uns beide an." Doch diejenigen Muslime, die keine Sufis waren, ja sogar einige Sufis selbst, betrachteten es als Gotteslästerung, wenn jemand erklärte: „Ich bin die Wahrheit." - Die einzige Wahrheit ist Gott. Wie kann ein menschliches Wesen die Wahrheit sein? Zu jener Zeit empfanden die Menschen, die im islamischen Kulturraum lebten, es als frevelhaft, derartiges zu behaupten. Seine mystischen Aussprüche führten zu einer langen Gerichtsverhandlung. Er wurde verhaftet, gefoltert, verbrachte elf Jahre in einem Gefängnis in Bagdad und wurde schließlich hingerichtet. Es ist zu schade, dass er nicht in Indien geboren wurde, wo solche Menschen als *mahatmas* verehrt werden.

Er hatte das Selbst, den *atman*, verwirklicht. Er hatte die klare Erfahrung, dass sein Selbst nicht mit dem Körper identisch ist. Als dem großen Weisen aus *Dakshineshwar, Sri Ramakrishna,* von einigen Devotees berichtet wurde, dass ein *yogi* aus einem nahegelegenen Dorf von einigen unwissenden Dorfbewohnern gefoltert und getötet worden war, sagte er:

> „Der Körper wurde geboren und wird sterben. Doch für die Seele gibt es keinen Tod. Sie gleicht einer Betel-Nuss. Wenn die Nuss reif ist, bleibt sie nicht in der Schale. Ist sie jedoch noch grün, ist es schwer sie von der Schale zu trennen. Nachdem man Gottverwirklichung erreicht hat, identifiziert man sich nicht mehr mit dem Körper. Man weiß dann, dass Körper und Seele zwei verschiedene Dinge sind."
>
> -Die Lehren Sri Ramakrishnas

Mansur Al Hallaj klingt so ähnlich wie Jesus. Vor Jesus hatte es wahrscheinlich in Israel niemanden gegeben, der den höchsten Zustand der Gottverwirklichung erreicht hatte. Ohne das geringste Zögern erklärte Jesus: „Ich und der Vater sind eins. Hättet ihr mich erkannt, so hättet ihr auch ihn erkannt. Von nun an kennt ihr ihn und habt ihn gesehen. Ich bin der Weg, die Wahrheit und das Leben." (*Johannes 10.30, 14.6*) Auch er wurde am Ende von spirituell unwissenden Menschen umgebracht.

Diese Weisen spürten ihr Einssein mit der absoluten Wirklichkeit. Dass wir JENES sind, unsterblich und ewig, ist jenseits unserer Vorstellungskraft. Tatsächlich befindet sich selbst der am weitesten entfernte Stern im Universum in uns und nicht außerhalb von uns. Dies brachte Amma in ihrem Lied *Ananda Veethiyil* zum Ausdruck:

> „Mutter (*Devi*) sagte mir, ich solle die Menschen dazu anhalten, den Zweck ihres Daseins zu erfüllen. Mein Geist blühte auf, gebadet im vielfarbigen Licht der Göttlichkeit.

Von diesem Tag an war ich unfähig, irgendetwas als von meinem eigenen inneren Selbst verschieden oder getrennt wahrzunehmen. Alles war nur das Einzig-Eine."

Nach dieser Erfahrung sollen wir streben, und hierzu versucht Amma uns durch das Beispiel ihres Lebens zu inspirieren. Wie lange es auch immer dauern mag, es ist der Mühe wert. Die *Bhagavad Gita* sagt:

„Wenn die Gedanken, gezähmt durch die Praxis des *yoga*, zur Ruhe gekommen sind, wenn er (der *yogi*) sein Selbst schaut, ist er im Selbst zufrieden; wenn er diese grenzenlose Wonne fühlt, die die Sinne transzendiert und von der höheren Intelligenz (*buddhi*) wahrgenommen werden kann, wenn er selbst in dieser Wonne ruht, bewegt er sich niemals von der Wirklichkeit fort. Wenn er dies erreicht hat, denkt er, es gibt nichts höheres; er bleibt auch angesichts des größten Leides unerschütterlich. Möge dies den Namen *yoga* tragen: Die Auflösung der Einheit mit dem Schmerz. Dieser *yoga* ist mit Entschlossenheit und unverzagtem Geist auszuüben."
–Ch. 6, V. 20-23

Gottverwirklichung ist wirklich das Wünschenswerteste; jenseits davon existiert kein anderes Ziel. Wenn wir auch nur einen Schimmer Gottes, unseres wahren Wesens, erlangen können, werden alle Freuden und Vergnügungen, die uns begegnen, nur noch ein blasser Widerschein jener Erfahrung sein. Irgendwie haben wir das völlig vergessen; wir haben uns davon abgewandt und wurden zu nach außen gerichteten Seelen, die durch das Bewusstsein des Körpers begrenzt sind.

Die Einzigartigkeit Indiens

1987 besuchte Amma zum ersten Mal die USA. Am Tag nach ihrer Ankunft ging ich in ihr Zimmer, um zu sehen, wie sie sich nach der langen Reise fühlte. Auch hatte ich etwas auf dem Herzen, was ich sie fragen wollte:

„Amma, die alten indischen Schriften, wie etwa das *Srimad Bhagavatam*, sagen, es sei auf eigene große Verdienste (*punyam*) zurückzuführen, wenn man in Indien geboren wird. Doch wenn ich hierhin komme und das Leben des Durchschnittsmenschen mit dem in Indien vergleiche, scheint es mir, dass die Menschen in Indien mehr leiden. Was also bedeutet diese Aussage?"

Ihre Antwort war für mich ziemlich unerwartet:

„Mein Sohn, es ist wahr, dass das Leben eines Durchschnittsmenschen in Indien mit mehr Leiden verbunden ist als das der Menschen hier. Doch wenn man in Indien geboren wird, kommt man in Kontakt mit der Philosophie des *sanatana dharma*, welche lehrt, dass das höchste Ziel des menschlichen Lebens in der Selbstverwirklichung, der Befreiung von dem scheinbar endlosen Kreislauf von Geburt und Tod (*samsara*) besteht. Tatsächlich sind schon allein diese Begriffe *samsara* und *mukti* (Befreiung) einzigartig für Indien. Wenn du sie in anderen Ländern findest, kannst du sicher sein, dass sie ursprünglich in weit zurückliegenden Zeiten aus Indien kamen. Seit tausenden von Jahren werden in Indien zahllose *mahatmas* geboren und ebenso zahllose Devotees folgen dem Weg zur Befreiung. Diese Schwingungen durchdringen sogar jetzt noch die Atmosphäre, und man kann sich in sie durch ein Leben der Hingabe und der Selbstdisziplin einstimmen. Dies ist außerhalb Indiens nicht der Fall."

Da man die höheren spirituellen Wahrheiten vergessen hat und ein völlig materialistisches Leben führt, erscheint einem die Welt äußerst real, während Gott oder das Selbst völlig unreal erscheinen. Doch empfinden einige vom Glück begünstigte Menschen einen winzigen Widerschein der Wahrheit, wenn sie von Amma umarmt werden. Jene Umarmung bringt zahllose Menschen auf den Weg zur Befreiung, den Zustand jenseits allen Schmerzes.

Krishna sagt: "Das Beenden der langen Einheit mit dem Schmerz heißt *yoga*. Dieser *yoga* ist mit Entschlossenheit und unverzagtem Geist auszuüben."

Wenn wir von körperlichem, mentalem und emotionalem, überhaupt jeglicher Art von Schmerz für immer frei werden wollen, gibt es keinen anderen Weg. Wir müssen den Zustand von *yoga* erreichen. *yoga* meint Vereinigung, aber Vereinigung womit? - Mit unserem eigenen Selbst. Nun stehen Körper und Geist an der Stelle des Selbst. Wir sind von unserer eigenen Natur völlig getrennt. Wir empfinden Körper, Persönlichkeit oder Ego als das ‚Ich'. Das ist ein schmerzvoller Zustand. Wir bemühen uns, von diesem Schmerz frei zu werden. Die Suche nach Vergnügungen ist das Bemühen, den Schmerz unserer Individualität, des kleines falsches Selbst, zu vergessen. Wir schlafen deshalb gern lange, weil wir unser kleines Selbst für geraume Zeit völlig vergessen können. Die direkte Erfahrung des (großen) Selbst ist das Ende allen Leidens.

Wir sollen *sadhana*, welches uns dorthin führt, mit Entschlossenheit und unverzagtem Herzen praktizieren. Warum sagt *Krishna* „...mit einem Herzen, das frei ist von Niedergeschlagenheit"? Normalerweise arbeiten wir daran, die Erfüllung unserer Wünsche zu erreichen, doch wenn wir versuchen, das Selbst zu erfahren, ziehen unsere Wünsche den Geist und die Sinne in die entgegen gesetzte Richtung. Wir versuchen, den Geist zu beruhigen, weil wir nach innen, in seine Quelle sinken wollen, doch trotz unseres Wunsches, dabei erfolgreich zu sein, hält uns die Macht alter Wünsche in einem andauernden Zustand der Rastlosigkeit und Veräußerlichung. Es ist so, als ob man ein Stück Kork unter Wasser halten will - beinahe unmöglich. Wenn man diesen Kampf über eine längere Zeit verfolgt, kann das zu Enttäuschung und Niedergeschlagenheit führen. Wahre Aspiranten jedoch können und werden nicht aufgeben. Wie wäre ihnen das möglich? Ammas Devotees erfahren etwas, was jenseits von sinnlichen Vergnügungen liegt. Aufgrund der spirituellen Kraft, die von Amma ausgeht, sind sie zumindest für einen Augenblick in die peripheren Bereiche des Selbst eingetaucht. Die meisten von ihnen können jenes Gefühl der Reinheit, Unschuld und des einfachen Friedens nicht mehr vergessen.

So sagt uns *Krishna* in der *Gita*:

„Indem er vorbehaltlos alle aus der Einbildungskraft entstandenen Wünsche aufgibt und durch den Geist die Gesamtheit der Sinne von allen Seiten her vollständig einschränkt, erlange er allmählich Ruhe. nachdem der Verstand (*buddhi*) zum Stillstand gekommen ist. Wenn der Geist (*manas*) dazu gebracht worden ist, sich im Selbst zu verankern, denke er an nichts. Von jeglicher Unruhe, die den rastlosen und unsteten Geist umherwandern lässt, werde dieser abgezogen und allein der Kontrolle des Selbst unterstellt. Höchste Wonne erfährt wahrlich der *yogi*, dessen Geist völlig ruhig ist und dessen Leidenschaft zum Stillstand gebracht wurde, der selbst zu *Brahman* geworden und frei von jeglichem Makel ist."

–Ch. 6, V. 25-28

Er macht uns bewusst, dass die Wünsche ‚aus Einbildungskraft geboren‘ sind. Dies bedeutet, dass bei genauerer Analyse tatsächlich nur wenig Substanz in ihnen zu finden ist. Wir bilden uns ein, wir würden glücklich sein, wenn wir unsere Wünsche erfüllten. Für eine Weile erlangen wir auch ein wenig Freude, doch dann verlischt sie und ein anderer Wunsch tritt an die Stelle des vorherigen, worauf wir aufs Neue Anstrengungen unternehmen, ihn zu erfüllen - und so geht es weiter bis zum Tod. Immerzu denken wir: „Wenn ich nur dies bekomme, wenn ich nur jenes tue, wenn ich nur dorthin gehe, werde ich glücklich sein“, doch unser Glück ist nicht nur kurzlebig, es kann sogar Leiden hervorrufen.

Glücklichsein und Vergnügen sind zwei verschiedene Dinge

Was wir in der Welt suchen, ist Vergnügen, doch Glück und Vergnügen sind zwei verschiedene Dinge. Aufgrund mangelnder Reflexion denken wir, Vergnügen ist Glück und glauben daher, wir könnten beständig glücklich sein, wenn wir für einen ununterbrochenen Strom an Vergnügungen sorgen.

Es ist jedoch unmöglich, Vergnügungen ununterbrochen zu genießen, obwohl viele dies versucht haben, denn sich zu vergnügen ist von Natur aus begrenzt. Unsere Sinnesorgane ermüden und ermatten durch exzessiven Gebrauch, und dasselbe gilt auch für unseren Geist. Auch verhält es sich so, dass derselbe Gegenstand, der uns zu einer bestimmten Zeit Freude gebracht hat, zu einer anderen Zeit Schmerz hervorruft. Doch wie viele Vergnügungen wir am Ende auch genießen mögen, schließlich wollen wir unseren Geist doch von allem zurückziehen und uns in den Schlaf begeben, wo wir ein Glück erfahren, das von der Welt und den Sinnen unbefleckt ist. Dies ist das eingeborene Glück unseres Selbst, wenn es auch größtenteils von der Dunkelheit des Nichtwissens verdeckt ist.

Schrittweise Einschränkung

Man sollte bei dem Versuch, den Geist einzuschränken, nicht übertreiben, denn wenn man es doch tut, werden Niedergeschlagenheit und Enttäuschung die Folge sein. Es muss allmählich geschehen. Selbst die modernen computerisierten Autos müssen erst eingefahren werden; andernfalls kann der Motor Schaden leiden. Die Experten raten: „Vermeiden sie während der ersten 1600 km, die Höchstgeschwindigkeit auszutesten, übermäßig schnelles Fahren sowie das Ziehen schwerer Anhänger." Ähnlich verhält es sich, wenn man als Neuling mit Gewichten trainiert. Wenn die Last zu groß ist, kann man sich einen Muskel zerren oder Schlimmeres kann passieren. Wenn man jedoch nach und nach seine Muskeln stärkt, wird nichts Unerwünschtes geschehen. Der Geist ist auch eine Art Muskel. Falls man ‚ein größeres Stück abbeißt, als man kauen kann', entsteht daraus möglicherweise eine mentale und emotionale Verdauungsstörung. Am Ende ist man entmutigt, deprimiert und gibt vielleicht sogar das spirituelle Leben auf. Ziel der Einschränkung ist es, den Geist zur Ruhe zu bringen und im ständigen Gedanken an Gott oder das Selbst weilen zu lassen. Dazu bedarf es zumindest eines ganzen Lebens an Übung. Irgendwann wird es so einfach und natürlich sein, wie ein gehorsames Pferd zu reiten.

In der griechischen Mythologie gibt es eine Geschichte, die dies illustriert. Der sagenhafte Held Milo von Kroton wurde dadurch zum stärksten Mann der Welt, dass er täglich ein Kalb durch das Dorf trug, bis es sich zu einem ausgewachsenen Bullen entwickelt hatte. Milo wurde immer stärker, je mehr das Kalb an Größe und Gewicht zunahm. Indem er mit dem jungen Kalb anfing und dann weiter fortfuhr, das allmählich wachsende Tier zu tragen, passte sich sein Körper der steigenden Last an. In ähnlicher Weise können auch wir beschwerdefrei den Status des ständigen Verweilens in einem spirituellen Bewusstseinszustand erreichen, wenn wir die Zeit unserer geistigen Praxis langsam steigern.

Innenschau

Sri Krishna sagt: „Durch welchen Anlass auch immer sich der wankelmütige und unstete Geist von Jenem fortbewegt - er muss wieder gezähmt werden und unter die Kontrolle des Selbst zurückgebracht werden."

Dieser Gedanke ist sehr wichtig. Sobald wir uns das Ziel gesetzt haben, die Gedanken abebben zu lassen, müssen wir allmählich eine Gewohnheit der Innenschau entwickeln. Normalerweise tun wir das nicht. Wir sind physisch oder gedanklich mit anderen Dingen oder Menschen befasst - nicht jedoch mit uns selbst. Wir müssen unseren Geist beobachten und herausfinden, was ihn so sehr ablenkt, dass wir uns nicht konzentrieren und ruhig bleiben können. Im Grunde ist es die Tendenz, dem äußeren Sog der Sinne zu folgen.

Wie Krishna sagt:

„Es gibt keine Weisheit für den Unsteten und auch Meditation ist ihm nicht möglich; wer aber nicht meditiert, kann keinen Frieden finden und wie kann es Glück geben für denjenigen, der keinen Frieden hat? Denn der Geist, welcher den Spuren der wandernden Sinne folgt, treibt die Erkenntnis fort, so wie der Wind ein Boot auf dem Wasser forttreibt. Deshalb, oh mächtig bewaffneter *Arjuna*, verfügt nur derjenige über andauernde Erkenntnis, dessen Sinne vollständig von den Sinnesobjekten abgezogen wurden."

–Bhagavad Gita, Kap. 2, V. 66-68

Zu Anfang mag dies wie eine unmögliche Aufgabe erscheinen, doch muss es getan werden. Allmählich werden wir verstehen, warum wir so ruhelos und zerstreut sind. Wir müssen den unsteten Geist mithilfe der Kraft der Innenschau wieder und wieder zum Objekt der Konzentration zurückbringen. Dies stärkt auch die Willenskraft, die vielen von uns fehlt.

Frei werden von aller Negativität

Das meditative Leben führt nicht nur zu einem friedvollen Geist, sondern - und dies ist von größter Wichtigkeit - zur Erfahrung der Seligkeit, die aus dem Kontakt mit dem höchsten *Brahman* entsteht. Wenn die *Gita* davon spricht, frei von Sünde zu werden, so bezieht sich dies auf unsere Gedanken, Worte und Taten, die uns daran hindern, in Kontakt mit dem all-seligen *Brahman* zu sein. Wenn wir durch *sadhana* und *tapas* von Mängeln und jeglicher Negativität frei geworden sind, erfahren wir innerlich den seligen Kontakt mit Gott. Mit ,Gott' ist die Quelle des Geistes und der Schöpfung gemeint, die durch unser vergangenes schlechtes *karma* einstweilen von uns ferngehalten wird. Durch jene Erfahrung erreichen wir Vollkommenheit.

Eine ähnliche Aussage stammt von Jesus:

„Es ist auch gesagt worden, 'Liebet euren Nächsten und hasset eure Feinde', doch ich sage euch, liebt eure Feinde und betet für diejenigen, die euch verfolgen, so dass ihr Söhne eures Vaters seid, der im Himmel ist; denn Er lässt die Sonne über den Bösen wie den Guten aufgehen und schickt den Regen den Gerechten

54

wie den Ungerechten. Denn wenn ihr die liebt, welche euch lieben, was für einen Lohn habt ihr davon? Tun nicht selbst die Steuereintreiber dasselbe? Wenn ihr nur eure Brüder grüßt, worin unterscheidet ihr euch dann von anderen? Tun nicht auch die Heiden dasselbe? Seid daher vollkommen, so wie euer himmlischer Vater vollkommen ist."

–Matthäus 5:43-48

Es ist interessant, dass seine Worte sich in vollkommenem Einklang mit Ammas Beispiel und ihrer Lehre universeller Liebe befinden. Schon ein einziger Augenblick des Kontaktes mit *Brahman* brennt das *karma* zahlloser Leben hinweg. Wenn man auch nur einen kleinen flüchtigen Eindruck von Jenem bekommt, kann man es für den Rest seines Lebens niemals vergessen - so überwältigend ist die Intensität der göttlichen Wonne.

Die Macht der Maya

Amma sagt:

„*Maya*, die große Macht der Illusion, zieht uns weg von spirituellem Fortschritt. Mit einem Herzen voller Sorgen verbringen wir unsere Tage im Körperbewusstsein. Was für eine Schande, dass der Teufel des Begehrens, der uns durch illusorische Versuchungen angreift, uns in den dunklen Abgrund der *maya* stößt und uns zur Speise des Todesgottes werden lässt! Wenn ihr in seiner Umklammerung gefangen seid, wehe euch, denn ihr verliert eure Seele. Aller Kummer wird verschwinden, wenn ihr eure Wünsche aufgebt und eure ganze Hoffnung auf Gott setzt."

Was ist *maya*? Jeder von uns ist die ganze Zeit über in ihr gefangen, obwohl wir uns dessen nicht bewusst sind. Wir sind wie ein Fisch tief unten im Meer, der nichts weiß vom weiten Ozean über ihm und ebenso wenig von der Erde und dem Himmel jenseits davon.

Jemand sagte einmal zu mir: „Neulich ergriff *maya* Besitz von mir, und meine *vasanas* tauchten plötzlich auf." Ich fragte zurück: „Gibt es irgend eine Zeit, da *maya* nicht Besitz von uns ergreift? Gibt es eine Zeit, in der unsere *vasanas* nicht ‚plötzlich auftauchen'? Vielleicht meinst du, dass deine stärkeren *vasanas* dir bewusst geworden sind. Nur im *samadhi* tauchen keine *vasanas* auf, denn dort gibt es keine *maya*."

Wir müssen den Ernst der Situation begreifen. Wir befinden uns jederzeit unter dem Bann der *maya*, d.h. unsere *vasanas* sind immer gegenwärtig. Sie verschwinden nicht einmal für einen Augenblick, selbst im Schlaf sind sie da in Gestalt der Träume. Selbst im Tiefschlaf sind sie potenziell vorhanden und manifestieren sich, sobald wir aufwachen. *Maya* lässt uns unsere wahre Natur vergessen. Sie führt zur Identifikation mit der falschen Sache - dem Körper. Sie macht uns extrovertiert, was im weltlichen Leben von Nutzen sein mag, doch nicht für jemanden, der über die *maya* hinauszugehen versucht. Wir müssen nach Innen in unser Selbst schauen, nicht nach außen.

Amma sagt: "Es (das Begehren) lässt uns illusorischen Versuchungen hinterher laufen, stößt uns anschließend in den Abgrund der *maya* und lässt uns zur Beute des Todesgottes werden."

Es gibt ein *mantra* aus den Veden:

„Führe mich von der Unwirklichkeit zur Wirklichkeit, aus der Dunkelheit ins Licht und vom Tod zur Unsterblichkeit!"
–Brihadaranyaka Upanishad 1.3.28

Dies ist unser augenblicklicher Zustand. Wir befinden uns in der Dunkelheit der *maya*. Gottes Licht sehen wir nicht. Wir empfinden nicht, dass wir unsterblich sind. Wir wissen nur, dass wir sterben müssen. Tatsächlich können wir über den Tod hinausgehen, doch ist dies unmöglich, solange wir uns erlauben, von *maya* zum Narren gehalten zu werden. Sie lässt uns nur die angenehmen, nicht jedoch die unangenehmen Seiten der Dinge wahrnehmen. Wenn wir die schmerzvollen Aspekte einer Sache sehen, ist dies ein Zeichen der Gnade. Wenn wir über die *maya* hinausgehen wollen, werden Vergnügungen uns immer verleiten. Das heißt nicht, dass es kein Vergnügen gibt, es ist vorhanden und sehr real. Doch ist es der Schmerz, welcher dem Vergnügen folgt, der uns zwingt, über *maya* hinauszugehen und in den Tiefen, in Gott Zuflucht zu suchen. Er lässt uns Ausschau halten nach einem Ausweg aus der scheinbar endlosen Gefangenschaft, anstatt uns unentwegt dem Weltlichen hinzugeben.

Der Löwe und der Zaun

Ein Löwe wurde gefangen und in ein abgesperrtes Gelände gebracht, wo er zu seiner Überraschung feststellte, dass sich andere Löwen dort schon seit Jahren aufhielten - einige sogar ihr ganzes Leben, denn sie waren dort geboren worden. Bald wurde er vertraut mit den sozialen Aktivitäten der Löwen im Lager. Sie hatten sich in verschiedene Gruppen aufgeteilt. Eine Gruppe bestand aus kontaktfreudigen Löwen, andere waren im Showgeschäft engagiert, wiederum andere hatten sich dem Kulturleben verschrieben mit dem Zweck, die Gebräuche, Traditionen und die Geschichte aus der Zeit zu bewahren, als die Löwen noch in Freiheit lebten. Dann gab es Gruppen, die religiös waren, sie kamen hauptsächlich zusammen, um herzerwärmende Lieder über einen zukünftigen Dschungel zu singen, wo es keine Zäune mehr gab. Manche Gruppen zogen Literaten und Künstler an. Noch andere waren revolutionär gesinnt; sie kamen zusammen, um einen Plan gegen die Wächter oder gegen andere revolutionäre Gruppen zu schmieden. Hin und wieder brach eine Revolution aus und eine bestimmte Gruppe wurde eliminiert oder alle Wächter wurden getötet - um hinterher von anderen Wächtern ersetzt zu werden. Als er um sich blickte, entdeckte der Neuankömmling einen Löwen, der immer tief in Gedanken versunken schien, ein Einzelgänger, der keiner bestimmten Gruppe angehörte und sich zumeist von allen entfernt hielt. Es war etwas Seltsames, Achtung Gebietendes an ihm, was bei den anderen sowohl Bewunderung wie auch Feindseligkeit erregte, denn seine Anwesenheit rief Furcht und Selbstzweifel hervor. Er sagte zu dem neu angekommenen Löwen:

„Schließe dich keiner Gruppe an. Diese armen Teufel beschäftigen sich mit allem Möglichen, nur nicht mit dem, was wesentlich ist."

„Und was ist das?", fragte der Neuankömmling.

„Die Natur des Zauns zu studieren."

Erscheinungen können täuschen

Wir werden leicht durch äußere Erscheinungen körperlicher Schönheit geblendet. Wenn wir einen schönen oder gut aussehenden Menschen sehen, glauben wir automatisch, es würde sich bei ihm oder ihr um einen guten Menschen handeln. Das muss jedoch keinesfalls so sein. Eine Person, die sehr gut aussieht, kann innerlich ein Teufel sein. Umgekehrt kann ein hässlicher oder gewöhnlich aussehender Mensch ein Engel sein. Wir können es nicht sagen; im Gegensatz zu Amma sind wir nicht fähig, in den Geist oder das Herz von anderen zu sehen.

Buddha war ein überaus machtvolles Wesen. Unter seinen Anhängern befanden sich Tausende von Menschen, die vom Geist der Entsagung inspiriert waren. Während seiner Wanderungen kam er einmal in ein Dorf. Er wurde von den Bewohnern zu einer Versammlung geführt; viele Bewunderer hatten sich eingefunden, um ihn sprechen zu hören. Eine Zeitlang sagte er nichts. Schließlich fragte ihn jemand aus der Menschenmenge: „Was ist los, *Bhagavan*? Wieso beginnt ihr nicht mit Eurer Rede?"

„Ich warte noch auf jemanden", war seine Antwort. Es waren dort Wohlhabende, Gelehrte, Fachleute und Regierungsbeamte anwesend. „Wer ist es", fragte der Mann. „Wir sind alle hier. Wer fehlt denn?"

Schließlich erschien ein in Lumpen gekleidetes Schäfermädchen und stellte sich an den Rand der Menge.

„Nun können wir anfangen. Sie ist da", sagte der *Buddha*. "Du hast auf dieses Mädchen gewartet? Wir wussten nicht einmal, dass es sie überhaupt gibt."

„Sie ist der einzige aufnahmebereite Mensch in diesem Dorf. Sie hat nach mir geweint und dürstet nach einem Leben im Einklang mit dem *dharma*. Sie hat zu mir gebetet in dem Wissen, dass ich kommen würde. Sogar im nächsten Dorf konnte ich ihr Gebet fühlen, konnte es hören und dies ist der Grund, warum ich hier bin. Für sie, nicht für euch, bin ich gekommen."

Wir haben gesehen, dass Amma in derselben Weise auf diejenigen reagiert, die sich nach ihrer Gegenwart sehnen. Viele Menschen haben schon solche Erfahrungen gemacht. Jemand sitzt in der Menge und ruft nach Amma und sofort schaut sie zu ihm hin, hebt die Augenbrauen und lächelt ihm zu. Dies ist ein ‚Ortsgespräch', doch es gibt auch ‚Ferngespräche'.

Amma fuhr einmal in eine Stadt, um einige Devotees zu besuchen. Mitten während des Besuchs stand sie einfach auf, ging zur Tür hinaus und wanderte über ein nahe gelegenes Feld. Sie ging etwas mehr als eineinhalb Kilometer, und die Devotees um sie herum begannen sich zu fragen, wohin sie sich wohl begeben würde. Schließlich erreichte sie ein Haus, in dem sich drei Französinnen befanden, die in einem nahe gelegenen Institut Kathakali studierten, eine alte einzigartige Schauspiel-Technik Keralas. Sie waren einige Male in den *ashram* nach *Amritapuri* gekommen, um Amma zu sehen und sie wussten, dass Amma einige Devotees in jenem Dorf besuchen würde, doch aus irgendeinem Grund waren sie verhindert und konnten nicht dorthin kommen. So saßen sie in ihrem Haus, zelebrierten eine *puja* vor Ammas Foto und weinten sich die Augen aus.

„Oh Amma, gibt es eine Möglichkeit, dass wir dich sehen können? Kannst du nicht bitte kommen und uns besuchen?" Sie wussten natürlich, dass dies unmöglich war. Doch gerade in diesem Augenblick kam Amma zur Tür herein!

Hierbei handelte es sich um ein ‚Ferngespräch'. Anders als wir kennt Amma das Herz der Menschen.

Die Geschichte von König Midas

Einige Leute glauben, dass Geld alles bedeutet. Tag und Nacht arbeiten sie dafür. Sie meinen, je mehr Geld sie hätten, desto glücklicher wären sie. Doch manchmal fühlen reiche Leute sich elend, während arme Leute glücklich sind. All dies ist die täuschende Kraft der *maya*.

Vor langer Zeit lebte einmal ein König namens Midas. Er liebte Gold so sehr, dass er Tonnen davon in einem großen Raum anhäufen ließ, der sich unter seinem Palast befand. Jeden Tag ging er dort hinunter und rief aus: „Dies ist so wunderbar!" Die Berührung, der Geruch, der Klang und der Anblick des Goldes ließen ihn erbeben. Midas besaß eine liebliche, süße kleine

Tochter, die ihm alles bedeutete. Er nannte sie Marigold, denn sie liebte Ringelblumen.

Eines Tages, während er sich in seinem Raum voller Gold befand, vernahm er dort ein Geräusch. Er drehte sich um und erblickte einen riesigen Mann in weißem Gewand, der eine Miene der Missbilligung machte. „Midas, du hast eine Menge Gold, nicht wahr?"

„Es stimmt, ich habe eine Menge davon, doch bedenke nur, wie viel Gold mehr es auf der Welt gibt - viel mehr, als ich besitze."

Der Mann sagte: „Du meinst, du bist mit alledem noch nicht zufrieden? Du besitzt Tonnen davon und bist immer noch nicht satt?"

„Zufrieden? Wie könnte ich? Wie viel Gold ich auch immer haben würde, es wäre nie genug", antwortete der König.

„Das ist erstaunlich. Nun, ich bin in der Lage, Wünsche zu erfüllen. Gibt es einen Wunsch, den du erfüllt bekommen möchtest?"

Ohne auch nur einen Augenblick zu zögern, antwortete der König: „Ja, ich wünsche mir, dass alles, was ich berühre, zu Gold wird."

„Bist du dir sicher, dass du das wirklich willst?", fragte der Mann.

„Natürlich, ich wäre davon hingerissen. Es würde mich über alle Maßen glücklich machen!"

„Okay, von morgen an wird alles, was du berührst, zu Gold." Dann verschwand er ganz plötzlich. Midas dachte bei sich: „Oh, es muss ein Traum oder etwas Ähnliches gewesen sein, was mir gerade passiert ist." Dann ging er schlafen.

Als er am nächsten Morgen aufwachte, berührte er ganz leicht seine Bettdecke, um zu sehen, ob es ein Traum gewesen wäre. Die Decke verwandelte sich nicht in Gold. Der Grund dafür war, dass die Sonne noch nicht am Horizont aufgegangen war. Doch sofort, nachdem dies geschehen war, glitten seine Hände wieder über die Decke und sie wurde zu Gold. Er rief aus.: „Oh, schau her, es funktioniert!" Er sprang im Zimmer hin und her, und berührte alle Gegenstände, die er nur sehen konnte - alles wurde zu Gold. Er war außer sich vor Freude. Er blickte in den Garten hinaus und dachte daran, alle Blumen in Gold zu verwandeln, um seine Tochter zu erfreuen. Er sprach bei sich: „Oh, darüber wird sie sich sehr freuen, wenn ich alle Blumen vergoldet habe!" Also ging er hinunter in den Garten und berührte alle Blumen. Als er wieder in sein Zimmer zurückkehrte, sah er das Buch, das er am vorherigen Abend gelesen hatte und hob es auf, um darin weiter zu lesen, aber ach, es wurde ebenfalls zu Gold! Er sagte sich: „Oh nein, nun kann ich es nicht weiterlesen, aber egal, es ist besser, dass es jetzt Gold ist!"

Nun fühlte er sich hungrig und befahl den Dienern, ihm sein normales Frühstück zu bringen mit Kaffee, Brötchen und einem Stück Obst, doch als er zu essen versuchte, verwandelte sich alles in Gold.

„Oje, wie soll ich nun mein Frühstück zu mir nehmen?" Sogar das Glas Wasser wurde zu festem Gold.

Nun wurde es langsam ernst. Er wusste nicht ein noch aus. „Was soll ich nur machen? Muss ich jetzt verhungern, ich kann doch kein Gold essen." Als er so weinend dasaß, kam Marigold herein; sie hielt ein paar Goldblumen in der Hand. „Was ist mit meinen schönen Blumen passiert, Papa? Sie duften nicht mehr, sie wachsen und bewegen sich nicht mehr und sind alle starr."

„Oh, meine Tochter, ich dachte, sie würden dir so besser gefallen."

„Ich will etwas Lebendiges, nicht ein totes Stück Gold", schimpfte sie. Als sie sah, dass er sich elend fühlte, ging sie zu ihm hin und umarmte ihn. Sie wollte sagen: „Was ist denn los, Pa..." Doch weiter kam sie nicht - auch sie war zu einer goldenen Statue geworden. Dies war zuviel für den König. Er fiel weinend zu Boden und beklagte sein Schicksal. Gerade in diesem Augenblick hörte er eine Stimme. „Bist du glücklich, Midas? Nun hast du, was du wolltest. Alles, was du berührst, wird zu Gold."

„Ich bin der unglücklichste Mensch auf Erden. Bitte gib mir meine Tochter zurück. Ich will dieses Gold nicht mehr haben. Wenn ich einfach wieder normal werden kann, werde ich mein Gold weggeben."

Die Stimme sagte: „Geh zum Fluss und nimm ein Bad, dann bringe eine Kanne mit Wasser hierher. Was immer du von dem Gold wieder in seinen ursprünglichen Zustand zurückverwandeln möchtest, besprenkele einfach mit Wasser."

Nachdem er alles wieder in seinen Normalzustand gebracht hatte, wollte Midas Gold niemals mehr ansehen. Das einzige Gold, welches er noch mochte, war der goldene Sonnenschein und das Gold im Haar seiner Tochter.

Wir sollten uns durch äußere Erscheinungen nicht täuschen lassen. Für die meisten Leute scheinen Geld und auch Schönheit eine Quelle des Glücks zu sein. Sie haben sicherlich ihren Wert, doch sie sind uns nicht so lieb und teuer wie unser eigenes wahres Selbst. Eines Tages werden wir erfahren, dass die am meisten befriedigende Sache die unendliche Seligkeit des Kontaktes mit Brahman ist. Jenes Brahman ist unsere Amma, unser eigenes Selbst.

KAPITEL FÜNF

Der Guru ist ein Muss

Amma sagt:

"Für einen spirituellen Aspiranten ist der *guru* unverzichtbar. Wenn ein Kind an den Rand eines Teiches geht, weist die Mutter es auf die Gefahr hin und führt es weg. In ähnlicher Weise gibt auch ein *guru,* wo immer es nötig ist, die angemessenen Instruktionen. Seine Aufmerksamkeit ruht immer auf dem Schüler."

Dies ist der traditionelle Standpunkt, dem man in Indien seit Jahrtausenden folgt. Alle jene, welche in der Vergangenheit Selbstverwirklichung erreichten, besaßen, von wenigen Ausnahmen abgesehen, spirituelle Lehrer. Diese Ausnahmen wurden vollkommen geboren oder hatten in ihren vorherigen Leben unter der Anleitung eines *gurus* so viel *sadhana* praktiziert, dass in ihrem gegenwärtigen Leben zur Erreichung des endgültigen Zieles nur noch wenig zu tun übrig blieb. Für solche großen Wesen leuchtete Gott oder der *guru* als das innere Licht des Bewusstseins und führte sie den Rest des Weges. Wir können uns nicht mit ihnen vergleichen. Für uns ist ein *guru* unerlässlich.

Die Geschichte Namdevs

Vor 700 Jahren lebte im indischen Bundesstaat Maharashtra ein großer Heiliger namens *Namdev.* Er war kein gewöhnlicher Devotee. Bereits in der Kindheit war er in der Lage, *Vishnu,* den er

Vithoba nannte, mit eigenen Augen zu sehen. Er spielte mit ihm, so wie Kinder miteinander spielen. Schließlich empfand *Vishnu*, es sei nun für *Namdev* die Zeit gekommen, die nächste Stufe des *sadhana* zu erklimmen und die Gegenwart Gottes sowohl in seinem Geist als Licht des Bewusstseins wie auch äußerlich als Gesamtheit der Schöpfung wahrzunehmen. Er trug *Namdev* auf, in einen Ort namens Terdoki zu gehen, wo sich in Kürze viele *mahatmas* zum Zwecke eines alljährlichen Festes zusammenfinden würden. Viele berühmte Heilige dieser Zeit wie *Jnanadev, Nivrittinath, Sopanadev, Muktabai* und *Chokamela* hatten sich im Haus von Gora Kumbhar, einem Töpfer-Heiligen versammelt. Nachdem die Versammlung der *mahatmas* sich niedergesetzt hatte, bat *Jnanadev Gora*, seine Fähigkeit, die Qualität der Töpfe zu prüfen, unter Beweis zu stellen. Es ging darum, herauszufinden, welche von den versammelten *mahatmas* ‚ordentlich gebrannt‘ worden waren. Darauf nahm *Gora* seinen Stock, mit welchem er die Töpfe testete, und schlug damit jeden der *mahatmas* leicht auf den Kopf, um so den spirituellen Reifegrad der jeweiligen Person zu prüfen. Alle Heiligen ließen die Prozedur über sich ergehen, doch als *Namdev* an die Reihe kam, protestierte er und stand verärgert auf - nur um festzustellen, dass alle anderen in Geheul und Gelächter ausbrachen. *Gora* erklärte, *Namdev* sei nicht ‚gut gebrannt‘ und spirituell noch unreif.

Namdev war verwirrt und gedemütigt. Er rannte zu seinem geliebten *Vithoba* in den Tempel. Nachdem er sich bei ihm beklagt hatte, erklärte *Vithoba* ihm, dass Heilige genau wüssten, was für jeden das beste sei. Diese Antwort regte *Namdev* nur noch mehr auf. Er sprach: „Du bist Gott und ich spiele mit dir. Kann ein Mensch denn etwas Höheres erreichen?" Doch *Vithoba* bestand darauf: „Die Heiligen wissen Bescheid." *Namdev* antwortete: „Gibt es denn etwas Höheres als Dich?"

Vithoba entgegnete geduldig: „Wir sind so vertraut miteinander, dass mein Rat bei dir nicht die gewünschte Wirkung auslösen wird. Suche den Bettler-Heiligen *Vishoba Kechar* im Wald auf und erfahre die Wahrheit."

Nachdem er *Vithobas* Worte vernommen hatte, begab er sich widerwillig zu *Vishoba Kechar*, doch war er von der Heiligkeit dieses Mannes keinesfalls überzeugt, denn er war nackt, schmutzig und lag auf dem Boden eines Tempels, wobei seine Füße auf einem *Shiva-lingam* ruhten. *Namdev* fragte sich, wie dieser Mann ein Heiliger sein könnte. Der Heilige hingegen lächelte *Namdev* an und fragte ihn: „Hat *Vithoba* dich hierher geschickt?"

Dies war keine geringe Überraschung für *Namdev*, der nun eher bereit war zu glauben, dass dieser Mann etwas Großes an sich haben könnte. Er fragte ihn: „Man sagt, du seiest ein Heiliger, aber warum entweihst du den *lingam*?"

Der Heilige antwortete: „Ja wirklich, ich bin zu alt und zu schwach, um das Richtige zu tun. Bitte hebe meine Füße an und lege sie dorthin, wo sich kein *lingam* befindet."

Namdev tat, worum der Heilige ihn gebeten hatte. Er hob seine Füße hoch und legte sie an eine andere Stelle, doch sofort erschien unter ihnen ein neuer *Shiva-lingam*. Wohin auch immer die Füße des *mahatmas* gelegt wurden - es erschien darunter ein *lingam*.

Entnervt legte *Namdev* die Füße des alten Mannes schließlich auf seinen Schoß - mit dem Ergebnis, dass er sofort in den Zustand des *samadhi* fiel. Nun begriff er Gottes Gegenwart in jedem einzelnen Gegenstand und als er diese Wahrheit verstanden hatte, verabschiedete er sich, nachdem er sich vor seinem neuen *guru* verneigt hatte. Er ging nach Hause, und für mehrere Tage besuchte er den Tempel nicht. Nun suchte *Vithoba* ihn in seinem Haus auf, um zu fragen, wieso er nicht mehr in den Tempel käme, um ihn zu besuchen. *Namdev* sagte: „Gibt es einen Ort, wo du nicht bist?" Ohne die Gnade des *guru* hätte er diese Wahrheit nicht begreifen können.

Aufs Neue begab *Namdev* sich nun zu *Goras* Haus; er wollte sich vor allen *mahatmas* niederwerfen und sie um Vergebung bitten. Doch sobald er hereinkam, standen diese auf und riefen: „Schaut, da kommt *Namdev*, der einen *guru* gefunden hat!" Sie alle umarmten ihn und hießen ihn auf dem *satsang* willkommen.

Es ist den Schülern nicht möglich, sich all der Widerstände, die sich in ihrem Geist befinden, bewusst zu sein. *Maya,* die universelle Macht der Illusion, die das Individuum in einem Zustand der Unwissenheit festhält, ist unbegreiflich. Nur derjenige, welcher *maya* durch Selbstverwirklichung überwunden hat, besitzt die Einsicht in ihre wahre Natur. Nur ein solcher *mahatma* weiß, wie er die unwissende Seele zu dem Zustand jenseits von ihr führen kann. Nur ein Mensch, der einen Berg erklommen und seinen Gipfel erreicht hat, vermag die Schwierigkeiten des Pfades dorthin zu begreifen.

Die Besteigung des Arunachala

Eines Tages hatte ich den Wunsch, auf den ca. 500 m hohen Gipfel des Arunachala-Hügels zu klettern. Damals wohnte ich in dieser Gegend. Es sah ganz einfach aus: Man musste nur den kürzesten sichtbaren Weg wählen. Die Schwierigkeit besteht aber darin, dass man – wenn man es auf diese Art versucht - an einen Punkt gelangt, von dem aus es nicht mehr weitergeht. Man muss nun den ganzen Weg wieder zum Anfangspunkt zurückgehen, wahrscheinlich halbtot vor Erschöpfung und Durst. Ich hatte mit Leuten gesprochen, die diesen Fehler gemacht hatten und entschied mich daher, dem traditionellen Rat zu folgen und den Weg einzuschlagen, den die Devotees beim jährlichen Kartik

Deepam-Fest beschreiten. Für dieses Fest wird ein riesiger Kessel auf dem Gipfel des Berges aufgestellt. Man füllt ihn mit Ghee; danach wird ein Docht angezündet, wobei die Flamme das Licht der Weisheit repräsentiert, welches die in allen Geschöpfen existierende Dunkelheit vertreibt. Man kann sie in kilometerweitem Umkreis erblicken. Hunderttausende von Devotees versammeln sich dort, um sie zu sehen. Während meiner ersten Jahre, die ich bei Amma in Amritapuri verbrachte, ging sie dreimal dorthin. Das Seltsame ist, wenn man sich den Hügel anschaut und dem Pfad, welchen die Devotees einschlagen, mit den Augen folgt, scheint es überhaupt nicht plausibel, sondern so, als ob sie den falschen Weg gingen. Wenn man den Berg jedoch auf diesem Pfad hinaufsteigt und den Gipfel erreicht hat, wird einem klar, dass es tatsächlich gar keine Alternative dazu gibt, obwohl der Augenschein anderes vermuten lässt. Dies illustriert die Notwendigkeit eines sachkundigen und erfahrenen Führers, sowohl im Bereich der äußeren wie auch der inneren Welt.

Ein Schüler ist wie ein unwissendes Kind

„Die einzige wirkliche Weisheit besteht darin, zu wissen, dass du nicht weißt."
„Ich weiß, dass ich Einsicht besitze, denn ich weiß, dass ich nichts weiß."

—Sokrates

Amma vergleicht einen Schüler mir einem Kind und zwar einem unwissenden Kind, welches tatsächlich weder weiß, was es selbst tut, noch was der *guru* tut. Der *guru* hat die einzigartige und höchst schwierige Pflicht, den Schüler unaufhörlich zu reinigen und jedes Staubkorn vom Spiegel seines Geistes zu entfernen, so dass er die Wahrheit des *atman* in sich selbst wahrnehmen kann.

Nichtsdestoweniger sammeln die Menschen eine Menge Wissen an, bevor sie zu einem *mahatma* kommen und glauben dann, sie könnten dieses Wissen in ihrem spirituellen Leben anwenden. In Wahrheit ist es ihnen nur selten von Nutzen; vielmehr führt es zu Hindernissen auf dem Weg. Spiritualität kann man nicht durch Bücher erlangen. Nur der Kontakt mit einem verwirklichten Meister, seine Gnade sowie eigene intensive Bemühungen beim *sadhana* können dies zuwege bringen.

Es war einmal ein Mönch, der in einem Wald-Ashram lebte. Ein Philosophieprofessor aus der nahe gelegenen Stadt kam dorthin, um ihn zu besuchen. Er sagte: „Bitte erzählen Sie mir etwas über Spiritualität, über die innere Wirklichkeit und wie sie zu erreichen ist."

Der Mönch schaute ihn an und sagte: „Nachdem Sie diesen langen Weg gefahren sind, müssen Sie sehr müde sein. Bitte ruhen Sie sich ein wenig aus und trinken Sie eine Tasse Tee."

Der Mönch machte sich daran, etwas Tee zuzubereiten. Anschließend ging er zu dem Professor und gab ihm eine Tasse. Dann goss er den Tee aus der Kanne hinein, doch selbst nachdem die Tasse voll war, hörte er damit nicht auf, so dass der Tee über die Hand des Professors auf den Boden lief.

„"Halt, halt!", rief der Professor. „Sind Sie verrückt? In meine Tasse geht kein Tropfen mehr hinein, alles fließt über!"

Der Mönch lachte und sagte: „Sie wissen also sehr gut, dass man in eine volle Tasse nichts mehr hineingießen kann, wie sehr man sich auch bemüht. Und trotzdem bitten Sie mich, Ihnen etwas von Spiritualität zu erzählen, obwohl Sie voll sind von vorgefassten Meinungen darüber. Bitte kommen Sie wieder, wenn ihre ‚Tasse' entleert ist, denn augenblicklich kann sie keinen Tropfen mehr aufnehmen. Es wäre Energieverschwendung, irgend etwas in sie hineingießen zu wollen."

Was genau bedeutet ‚die Tasse entleeren'? Offensichtlich handelt es sich dabei um den Geist. Unglücklicherweise ist es nicht so einfach, die Geist-Tasse leer zu machen, wie dies bei einer Teetasse der Fall ist. Schließlich ist der Geist eine höchst komplizierte Sache. Wie entleert man ihn also? Es steht zu hoffen, dass der Professor aus der Geschichte dem Mönch dieselbe Frage stellte und dort blieb, um die Antwort zu erhalten.

Das spirituelle Leben ist nicht einfach. Es gleicht nicht so sehr dem Ersteigen eines Berges als vielmehr dessen Einebnung. Der Berg ist das Ego, d.h. die Persönlichkeit, die fälschlicherweise den Körper mit dem Selbst identifiziert. Es ist die Quelle all unserer Probleme. Amma sagt:

> „Wenn wir glauben, wir seien der Körper, wird immer Kummer das Ergebnis sein. Dies ist lediglich ein gemieteter Körper. An einem bestimmten Punkt werden wir aufgefordert, ihn zu verlassen. Dann müssen wir hinausgehen. Bevor dies geschieht, sollte man das Unvergängliche erlangt haben - und zwar solange man noch im Körper weilt. Besitzen wir ein eigenes Haus, können wir leichten Herzens aus dem Mietshaus ausziehen, wenn wir dazu aufgefordert werden. Wir können dann in Gottes ewigem Haus wohnen."

Das Ego ist nicht in Stein gemeißelt. Es wächst oder schrumpft entsprechend unseren Handlungen und Gedanken. Wir können es aushungern durch unsere Anstrengungen und die Gnade des *guru*. Ein Indianer ging einmal mit seinem Sohn spazieren. Er sagte zu dem Jungen: „Es gibt zwei Wölfe in unserem Innern, die miteinander kämpfen. Einer ist edel und freundlich, der andere ist gemein, selbstsüchtig und grausam."

„Wer wird gewinnen, Papa?", fragte der Sohn. Der Vater antwortete: „Derjenige, den wir füttern." Das Ego wächst mit Leidenschaften wie Anhaftung, Abneigung, Begehren und Zorn. Wie können wir sein Wachstum stoppen?

Amma sagt:

„Wir müssen von allen *vasanas* (negativen Gewohnheiten), die wir angesammelt haben, frei werden, doch ist es schwierig, dies alles auf einmal zu vollbringen. Wir benötigen ständige Praxis. Unaufhörlich sollten wir unser *mantra* rezitieren, während wir sitzen, gehen oder liegen. Während wir das *mantra* rezitieren und uns Gottes Form vorstellen, lassen unsere anderen Gedanken nach und unser Geist wird geläutert. Um das Gefühl des ‚Ich' fortzuwaschen, benötigen wir die Seife des ‚Du'. Wenn wir wahrnehmen, dass alles Gott ist, verschwindet das Ego und das höchste ‚Ich' erstrahlt in unserem Innern."

Wenn Amma sagt, wir sollten Gottes Form visualisieren, können wir das interpretieren als jegliche Form Gottes, die uns anspricht und die wir erfassen können. Dies schließt auch ‚gestaltlose Formen' wie etwa Licht, Frieden, Weite etc. mit ein.

Amma sagt, dass der *guru* den Schüler ständig im Auge behalten muss, da er sonst möglicherweise ‚in den Teich fällt und ertrinkt'. Das Wort ‚ständig' ist überaus wichtig. Wir müssen von unserer Seite aus fortwährend *sadhana* praktizieren, und Amma muss uns andererseits fortwährend beobachten. Der Unterschied besteht darin, dass wir uns sehr darum bemühen müssen, *sadhana* zu machen, während es für Amma, die das Selbst im Herzen von jedermann ist, kein Problem darstellt, uns unaufhörlich zu beobachten. Es ist wichtig, dass wir die Vorstellung entwickeln, dass ihre Aufmerksamkeit immerzu auf uns ruht.

Zwei Jungen kamen zu einem *guru*, um von ihm als Schüler angenommen zu werden. Er gab jedem von ihnen eine Taube und sagte zu ihnen: „Nehmt diesen Vogel und tötet ihn, wenn euch keiner dabei zusieht. Dann bringt ihr ihn mir zurück. Danach werde ich euch spirituelles Wissen vermitteln."

Der erste Junge nahm den Vogel mit in den Garten, schaute sich nach allen Seiten um, und als er niemanden sah, drehte er ihm den Hals um, bis er starb. Dann brachte er ihn zurück und legte ihn dem Meister zu Füßen. „Nun wollen wir sehen, was der andere Junge macht", sagte der Meister.

Der zweite Junge ging in einen tiefen Wald und war eben im Begriff, den Vogel zu töten, als er sah, dass dieser ihn anblickte. Er konnte somit des *gurus* Bedingung nicht erfüllen. Er suchte noch viele andere einsame Orte auf, doch jedes Mal, wenn er versuchte, den Vogel zu töten, bemerkte er, dass dieser ihn anschaute. Schließlich brachte er den Vogel lebendig zurück und legte ihn vor dem Meister nieder. Er sagte: „*Swami*, obwohl ich mich danach sehne, von Euch Erkenntnis zu erlangen, so kann ich doch die von Euch gestellte Bedingung nicht erfüllen. Wo immer ich auch hinging, jedes Mal schaute mich jemand an, und so konnte ich den Vogel nicht töten. Oh Meister, bitte segnet mich mit dem wahren Wissen!"

„Mein Sohn," sagte der *guru*, „du bist derjenige, der für das spirituelle Wissen reif ist. Man sollte sich immer im Klaren sein, dass der Große Meister, der Herr, einen ständig beobachtet. Man wird dann niemals Handlungen begehen, die dem spirituellen Fortschritt hinderlich sind."

Den inneren Guru erwecken

Viele Menschen, die Zeit mit Amma verbringen, stellen fest, dass sie anscheinend jede Handlung und jeden Gedanken kennt. Sie kann dies durch einen wissenden Blick, ein Lächeln oder ein Stirnrunzeln zum Ausdruck bringen; sie kann sogar eine Bemerkung machen, um uns zu verstehen zu geben, dass sie die Zeugin all unserer Gedanken ist. Sie ist äußerst initiativ, wenn es darum geht, ihre Devotees anzuleiten. In fast jeder Hinsicht ist sie ein Vorbild für uns - ich sage ‚fast‘, denn offensichtlich können wir nicht all das tun, was sie tut. Wir können nicht 24 Stunden lang ununterbrochen an einer Stelle sitzen und uns die Probleme und Anliegen der Menschen anhören. Wir können nicht fast jede Nacht bis zum Morgen wach bleiben. Wir können nicht jeden anlächeln, dem wir begegnen, und natürlich können wir nicht einmal einen einzigen Menschen, der in tiefer Verzweiflung zu uns kommt, wirklich trösten.

Doch vermögen wir jeden Augenblick ein wenig geduldiger zu werden, wir können uns allen Menschen gegenüber liebevoller verhalten, wir können für das Wohlergehen und Glück anderer unsere Selbstsucht aufgeben, wir können demütiger und hilfsbereiter werden und uns davor in Acht nehmen, gemeine und verletzende Worte zu gebrauchen. Indem wir uns mit Amma vergleichen, können wir allmählich unseren Geist wie auch unsere Handlungen läutern und schließlich den ‚inneren *guru*‘, der in uns schläft, zum Erwachen bringen.

Einige Menschen behaupten, es reiche aus, einfach auf die zarte Stimme Gottes in unserm Innern zu hören und ihrem Rat zu folgen. Doch gibt es in uns viele Stimmen und die Mehrzahl, wenn nicht alle von ihnen, sind lauter als diejenige Gottes. Bei den meisten von uns ist der Geist angefüllt mit Wünschen, Ängsten, Vorlieben, Abneigungen, Anziehung und Ablehnung. Die ‚zarte

Stimme im Innern' vernehmen zu wollen ist vergleichbar mit dem Versuch, ein Flüstern inmitten der Kakophonie einer grölenden Menschenmenge wahrzunehmen. Wenn wir jedoch auf unseren Lehrer hören, Vertrauen in seine Worte haben, seine (ihre) Worte und Taten mit den Stimmen und Impulsen in unserem Geist vergleichen, werden wir langsam die Fähigkeit entwickeln zu beurteilen, welches die Stimme Gottes und welches die unseres Geistes ist. Amma weiß, wann wir dazu in der Lage sind, dies zu tun und uns nach und nach dazu ermutigen. Bis zur Befreiung jedoch sind wir darauf angewiesen, der äußeren Stimme des *guru* gegenüber der inneren den Vorzug zu geben.

KAPITEL SECHS

Der Guru ist Brahman

Gurur Brahma Gurur Vishnu
Gurur Devo Maheshvarah
Gurur Sakshat Parambrahma
Tasmai Sri Gurave Namah

Der *Guru* ist *Brahma,* der Guru ist *Vishnu,*
der Guru ist *Maheshwara (Shiva)*
der *Guru* ist das Höchste *Brahman* Selbst,
wir verneigen uns vor diesem *Guru.*

Man geht davon aus, dass mehr als 80% der Weltbevölkerung an eine höhere Kraft glauben. Die alten indischen Weisen (*rishis*), waren aufgrund ihres geläuterten Geistes in der Lage, sich auf diese Kraft einzustellen, und so wurden sie zu Vermittlern. Sie nahmen die Kraft als *trmurti* („drei Formen") wahr - als die drei kosmischen Gestalten von *Brahma* (Schöpfer), *Vishnu* (Erhalter) und *Maheshvara* (Zerstörer der Schöpfung). Alle drei waren aus dem Formlosen, der absoluten Intelligenz und dem absoluten Sein - *Brahman* - entstanden. Obwohl die Weisen fähig waren, die transzendente Wirklichkeit zu erfahren, konzipierten sie aus Mitgefühl mit der Menschheit die Idee der *trimurti* - in dem Wissen, dass die Menschen jene formlose Wirklichkeit möglicherweise nicht begreifen würden. Sie wussten, dass die Menschen eine Vorstellung brauchten, um mit dem höchsten Wesen durch Gebet und Verehrungsrituale zu kommunizieren und so Glück und Frieden zu erfahren. Daher gaben die *rishis* durch die Verehrung der *trimurti* ein Beispiel, welchem die anderen folgen konnten. Wie die *Bhagavad Gita* sagt:

„Was immer ein großer Mensch tut, das allein tun auch die anderen Menschen; was auch immer er als Richtschnur festsetzt, dem folgt die Welt."

-Kap. 3, V. 21

Wir menschlichen Wesen sind mit einem sehr begrenzten Geist ausgestattet. Selbst diejenigen, die an die Existenz eines Schöpfers glauben, haben nur eine verschwommene Vorstellung davon, was jenes Wesen oder jene Kraft wirklich ist. Wir mögen Beschreibungen geben wie etwa „allwissend", „allmächtig" oder „allgegenwärtig"; doch in Wahrheit ist ‚Gott' für die meisten nur eine vage Idee.

Unbewusst stellen wir uns jenes Prinzip als eine glorifizierte Version von uns selbst vor. Wenn ein Moskito fähig wäre, über das höchste Wesen nachzudenken, wäre es wahrscheinlich ein riesiger allmächtiger und allwissender Moskito!

Es gibt einen wohlbekannten Vers aus den Veden, die als autoritative Quelle spirituellen Wissens im alten Indien gelten:

„Brahmavid brahmaiva bhavati." -
„Der Kenner Brahmans wird zu Brahman."

-Mundaka Upanishad (3.2.9)

Mit anderen Worten, derjenige, der durch eigene Erfahrung das absolute *Brahman* - die Quelle von allem und gleichzeitig jenseits von allem - erkannt hat, wird selbst zu jener unendlichen Wirklichkeit. Andere machen die Erfahrung jener Wahrheit vielleicht nur im Zustand des *samadhi*, doch allein die selbstverwirklichte Seele ist zu hundert Prozent Jenes Selbst geworden. Ihr individuelles Wesen hat sich ausgeweitet und wurde zum unendlichen Bewusstsein. Im alten Testament sagt Gott zu Moses:

„Du kannst mein Gesicht nicht sehen, denn niemand kann mich sehen und gleichzeitig leben."
-Exodus 33:20

Vielleicht ist die Bedeutung jener Bibelstelle die, dass bei der absoluten Erkenntnis Gottes die Individualität stirbt und einzig Gott übrigbleibt. Der Tropfen geht auf im strahlenden Meer, Das Chanten des Guru-Mantras erinnert uns an eine wichtige Tatsache - dass der *guru* eins ist mit Gott. Aufgrund der Macht von *maya* sind wir jedoch normalerweise nicht fähig, diese Wahrheit zu begreifen. Wir haben vielleicht Gründe oder Erfahrungen, dies zu glauben, doch irgendwie tauchen immer wieder Zweifel auf. Deshalb wahrscheinlich gibt es am Anfang einiger Upanishaden das folgende Gebet:

Om, möge Gott uns beide beschützen
(den Lehrer wie den Schüler);
Möge Gott uns beide ernähren;
Mögen wir mit Energie und Tatkraft zusammenwirken;
Möge unser Studium erleuchtend sein und nicht zu
Feindseligkeit führen.
Om, Frieden, Frieden, Frieden.

Die Wirklichkeit des Guru

Die meisten von uns sind ständig mit geistigen oder körperlichen Aktivitäten beschäftigt, die größtenteils durch selbstsüchtige Ängste und Begierden motiviert sind. Wenn wir uns einem *mahatma* nähern, so geschieht es, damit durch seinen Segen unsere Wünsche befriedigt und unsere Ängste beseitigt werden. Doch ein wahrer *guru* weiß, dass letzten Endes alle, die bei ihm Zuflucht suchen, sich nach innen wenden und ihren Geist reinigen müssen, damit die Wünsche und Ängste aufhören, den Geistesfrieden zu sabotieren. In der Guru-Schüler-Beziehung muss der Schüler Anstrengungen machen, seinen Geist zu läutern, um sich selbst als eins mit dem *guru*, der Verkörperung *Brahmans*, zu erfahren. Der Meister zeigt dem Schüler ständig den Weg auf, innerlich wie äußerlich. Diese Interaktion stachelt jedoch oft das Ego des Schülers in die falsche Richtung auf.

Der *guru* erblickt im Schüler *Brahman*, doch der Schüler identifiziert sich mit dem Ego oder der Persönlichkeit. Manchmal ärgert er sich vielleicht über den *guru* oder hasst ihn sogar. Das kann seinen Fortschritt behindern. Aus diesem Grund heißt es in dem obigen Gebet, es möge keine Feindseligkeit zwischen ihnen aufkommen.

Ein Sprichwort besagt: „Vertrautheit erzeugt Verachtung". Obwohl wir daran glauben, dass der *guru* mit *Brahman* identisch ist, tappen wir immer wieder in die Falle und vergessen es aufgrund der Vertrautheit mit ihm. Selbst *Arjuna,* eine Hauptfigur der *Bhagavad Gita*, wurde mit seinem Cousin und Wagenlenker *Sri Krishna* allzu vertraut. *Krishna*, der Herr, sprach zu ihm:

> „Ich bin nicht für alle sichtbar, da meine *yoga-maya* mich umhüllt. Diese getäuschte Welt kennt mich nicht, der ich ungeboren und unvergänglich bin. Ich, oh *Arjuna*, kenne die vergangenen, gegenwärtigen uns zukünftigen Wesen; mich jedoch kennt niemand."
>
> -Kap.7, V. 25-26

Als *Arjuna* dies hörte, kam der intensive Wunsch in ihm auf, diese Wirklichkeit hinter *Krishnas* normaler Erscheinung zu erfahren. Obwohl viele von Krishnas Verwandten und Vertrauten glaubten, er sei eine Inkarnation *Vishnus*, brachten sie dies in ihrem Verständnis, ihren Worten und Taten keineswegs zum Ausdruck.

Arjuna sagte:
„Oh höchster Herr, es ist mein Wunsch, Deine Form zu sehen. Wenn Du der Ansicht bist, dies sei möglich für mich, zeige mir Dein unvergängliches Selbst."

-Kap.11, V. 3-4

Der Herr sagte:
„Du bist tatsächlich nicht fähig, mich mit deinen Augen zu sehen, ich gebe dir das göttliche Auge. Nun siehe meinen *yoga* in all seiner Fülle."

-Kap.11, V. 8

„Dann verbeugte sich *Arjuna* - voller Staunen über die Kosmische Gestalt *(vishva-rupa)*, die er mit dem göttlichen Auge des Wissens sehen konnte, und mit zu Berge stehenden Haaren vor dem Gott und sprach mit gefalteten Händen:
,Du bist das Unvergängliche, das Höchste Wesen, das es zu erkennen gilt. Du bist die höchste Wohnstatt des Universums; Du bist der unsterbliche Beschützer des ewigen *dharma,* die Ur-Person; ich sehe dich ohne Anfang, Mitte und Ende, unendlich in Deiner Macht, Sonne und Mond sind Deine Augen, das lodernde Feuer ist Dein Mund; das ganze Universum erwärmst Du mit Deinen Strahlen ... Sage mir, wer Du bist, dessen Gestalt so grimmig ist. Ich verbeuge mich vor

Dir, erhabener Gott. Sei gnädig. Ich habe den Wunsch, Dein ursprüngliches Wesen zu erkennen.'"

-Kap.11, V. 18-19, 31

Der Herr sagte:

„Ich bin die mächtige, Welten zerstörende Macht - die Zeit, die eben im Begriff ist, dies zu tun. Selbst ohne dich wird kein Krieger der feindlichen Armee überleben."

-Kap.11, V. 32

„Nachdem *Arjuna* diese Worte *Krishnas* vernommen hatte, faltete er die Hände, wandte sich unter Verbeugungen, voller Furcht, zitternd und mit erstickter Stimme wieder Krishna zu und sagte:

-Kap.11, V. 36

‚All die anmaßenden Dinge, die ich gedankenlos oder aus Liebe gesagt habe, wenn ich Dich ‚Oh *Krishna*', ‚Oh *Yadava*', ‚Oh Freund' genannt habe, wenn ich Dich nur als Freund sah, weil mir Deine Größe nicht bewusst war, wie auch immer ich dich beleidigt haben mag, oh *Krishna,* im Scherz, im Spiel, wenn wir ruhten, zusammensaßen oder speisten , wenn wir allein oder in Gesellschaft waren - all das bitte ich Dich, Unermesslicher, mir zu vergeben. Du bist der Vater dieser Welt, des Bewegten wie des Unbewegten. Verehrung gebührt Dir, der du der größte *yogi* bist, denn es gibt hier nichts, was Dir gleichkäme; wie könnte es daher in den drei Welten etwas geben, was dich überträfe, oh Wesen voll unvergleichlicher Kraft? Daher verneige ich mich, werfe mich vor Dir nieder und erflehe Deine Vergebung, anbetungswürdiger Herr. Wie ein Vater seinem Sohn

82

vergibt, ein Freund seinem Freund, ein Liebhaber seiner Geliebten, so vergib auch Du mir, oh Gott."
Der Herr sprach:
„Es ist wahrlich sehr schwierig, diese Meine Gestalt zu sehen, welche du soeben erblickt hast. Auch die Götter sehnen sich ständig danach, sie zu schauen. Weder durch den *veda* noch durch Askese, nicht durch Geschenke noch Opfer kann Ich in dieser Gestalt, die du gesehen hast, erschaut werden. Doch durch konzentrierte Hingabe vermag ich in dieser Form tatsächlich erkannt und gesehen zu werden; dadurch ist es auch möglich, in sie einzugehen, oh *Arjuna*. Wer alles um Meinetwillen tut, in Mir das Höchste sieht, Mir ergeben ist, keine Anhaftung kennt und keines Geschöpfes Feind ist, der kommt zu Mir, oh *Pandava*."

-Kap.11. V. 41-44, 52-55

Sind nicht Ammas Devotees in einer ähnlichen Situation wie *Arjuna*? Wir kämpfen den Kampf des Lebens, innerlich wie äußerlich. Durch eine unvorstellbare Kombination aus Glücksfall, gutem *karma* oder reiner Gnade sind wir zu Ammas heiligen Füßen gekommen. Wir glauben, dass sie mit dem Zweck in dieser Welt geboren wurde, menschliche Wesen Gott und damit ihrem wahren Wesen zuzuführen. Alles, was sie tut, jedes Wort und jede Berührung, dient dem Zweck, jene Seelen zu erwecken, die, aus welchem Grund auch immer, zu ihr gekommen sind. Sie hat sich tatsächlich in *yoga-maya* gehüllt, um unter uns leben zu können, fast als ob sie eine von uns wäre. Doch wir sollten uns immer wieder daran erinnern, dass sie nicht so ist wie wir. Ihre Erfahrung ist uns unfassbar und jenseits unserer Vorstellungskraft. Sie ist eine Verkörperung *Brahmans* und stellt einen außergewöhnlichen Menschen dar. Zweifellos ist sie allen denen unbegreiflich, die sich mit ihrem Körper identifizieren. Was wir wahrnehmen, ist gerade einmal ‚die Spitze des Eisbergs‘.

Wir wollen uns ständig der Worte des Herrn erinnern, wenn er sagt:

> „Durch ununterbrochene Hingabe kann ich erkannt, gesehen und erreicht werden. Wer alles um Meinetwillen tut, in Mir das Höchste sieht, Mir ergeben ist, keine Anhaftung kennt und keinem Geschöpf Hass entgegenbringt, der kommt zu mir, oh *Pandava*."

Wir haben die goldene Chance, uns spirituell weiterzuentwickeln – bis hin zur Selbstverwirklichung und Befreiung aus dem ewigen Kreislauf von Geburt und Tod. Mögen wir diese seltene Gelegenheit nutzen, indem wir stets daran denken, wer Amma ist und danach streben, ihre allmächtigen Segnungen zu erhalten.

KAPITEL SIEBEN

Die Gegenwart des Guru ist einzigartig

Amma sagt:

„Wenn Gott auch alles durchdringt und erfüllt, so ist die Gegenwart eines *guru* doch einzigartig. Der Wind weht überall, doch Kühle finden wir nur im Schatten eines Baumes. Wirkt die Brise, die die Blätter streift, nicht sehr wohltuend auf jene, welche in der heißen Sonne unterwegs sind? In ähnlicher Weise ist auch ein *guru* nötig für uns, die wir in der sengenden Hitze weltlicher Existenz leben. Die Gegenwart des *guru* gibt uns Ruhe und Frieden."

Es gibt viele spirituelle Aspiranten und *sadhaks*, welche, nachdem sie ein gewisses Trainingspensum und spirituelle Praktiken vollzogen haben, spirituelle Vorträge halten, Schüler um sich scharen, die Schriften für sie auslegen und sie in Meditation und anderen geistigen Übungen unterweisen. Solche ‚Gurus' erfüllen sicherlich einen Zweck. Doch wenn Amma von einem *guru* spricht, meint sie damit keinen bloßen Lehrer. Sie meint jemanden, der ständig in der Einheit mit Gott verankert ist. Niemand sonst ist wirklich würdig, ein ‚Guru' genannt zu werden.

Ein *guru* oder Meister lebt in dem Bewusstsein und der dauerhaften Erfahrung, dass er das innere Selbst von allem und jedem ist. Für ihn ist die Schöpfung ein offenes Buch. Diese Wesen verfügen über die spirituelle Macht - Gnade genannt - andere Menschen durch einen bloßen Gedanken oder einen Blick zu erheben. Es wird gesagt, dass Gnade wie die Sonne gleichermaßen über Guten wie Bösen scheine, doch in Händen einer verwirklichten Seele ist sie eine Macht, die individuell als intendierte Segnung erfahren werden kann. Amma sagt, es sei Anstrengung nötig, um Selbstverwirklichung zu erreichen, doch selbst diese Anstrengungen werden erst durch den Segen eines Meisters ermöglicht. Und wenn jemand durch seine Bemühungen schließlich so weit gekommen ist, wie es ihm nur irgend möglich ist, dann bedarf es immer noch der Gnade des *guru*, um die letzte Verwirklichung zu erreichen. Amma spricht hier von einem wahren *guru*, einem *mahatma*, der eins mit dem Absoluten ist. Eine solche Persönlichkeit ist sehr selten. Wie *Sri Krishna* in der *Bhagavad Gita* sagt:

„Wahrlich, ein *yogi*, der mit Eifer strebt und im Laufe vieler Geburten von Sünden gereinigt und vollkommen geworden ist, erreicht das höchste Ziel."

-Kap.6, V. 45

„Am Ende zahlreicher Geburten kommt der Weise zu Mir in der Erkenntnis, dass alles *Vasudeva* (Gott) ist; solch ein *mahatma* (große Seele) ist sehr schwer zu finden."

-Kap.7, V. 19

Eine Kuh hat Milch, doch solange man nicht das Euter drückt, bekommt man keine Milch. In ähnlicher Weise durchdringt Gott jedes Atom der Schöpfung und alles darüber hinaus, doch es gibt Orte, an denen wir jene Gegenwart stärker wahrnehmen und von ihr profitieren können. Die göttliche Gegenwart wird manifest an Orten, an denen sich viele Menschen versammeln und *bhajans* singen, beten oder meditieren. Ihre Konzentration auf das Göttliche reinigt die Atmosphäre von ihren normalen weltlichen Schwingungen. Gebetsstätten, *ashrams,* Klöster und gegenwärtige oder ehemalige Wohnstätten von Heiligen und *sadhaks* manifestieren in verschiedenem Ausmaß Göttlichkeit in Form eines überirdischen Friedens und der Fähigkeit zu großer Konzentration für die Menschen, die sich dort aufhalten.

Viele von uns kennen alte indische Tempel wie etwa in *Kanchipuram, Tiruvannamalai, Rameshvaram, Tirupati* oder *Kashi.* Amma sagt, dass die machtvolleren Tempel Indiens, die eine Anziehungskraft auf Millionen von Gläubigen haben und seit uralter Zeit besucht werden, einst von *mahatmas* eingeweiht wurden. Man kann die friedliche, ruhige Atmosphäre dort tatsächlich sehr deutlich spüren. Dies ist nicht derselbe Frieden, den wir empfinden, wenn wir im Wald oder in der Natur spazieren gehen. Auch solch ein Frieden ist rein, doch ist er nur eine blasse Widerspiegelung der erfahrbaren spirituellen Kraft eines heiligen Ortes. Solche Stätten wurden heilig, weil heilige Menschen, die aufgrund ihres geläuterten und konzentrierten Geistes von Gottes Gegenwart erfüllt waren, dort lebten oder zu Besuch kamen. Selbst nachdem solche *mahatmas* ihren Körper verlassen haben, bleibt die heilige Gegenwart bestehen oder wächst sogar an, wenn die Devotees, die weiterhin kommen, sich frommen und spirituellen Übungen widmen.

Die Aura

Der Begriff der ‚Aura' ist in der westlichen Kultur seit einiger Zeit ziemlich populär geworden. Viele akzeptieren inzwischen, dass jeder Gegenstand eine Aura oder, anders ausgedrückt, eine spezifische subtile Ausstrahlung hat. Amma sagt, dass Menschen, die positiv und umfassend denken oder universell wohlwollende Gedanken hegen, eine feine goldenen Farbe ausstrahlen, die sichtbar ist für jene, die mit einer subtilen visionären Kraft ausgestattet sind. Sie sagt:

„Der Körper eines jeden ist von einer subtilen Aura umgeben. So wie unsere Worte auf einem Tonbandgerät gespeichert werden können, hinterlassen auch unsere Handlungen Eindrücke auf dieser Aura. Dies kann ganz klar bei Menschen, die *Sadhana* machen, gesehen werden. Die Aura von *sadhaks* ist machtvoll. Andere Auras besitzen nicht diese Charakteristik. Bei gewöhnlichen Menschen ist die Aura dunkel oder umwölkt. Ihre Aura nimmt eine immer dunklere Gestalt an, je selbstsüchtiger, bösartiger und egozentrischer sie werden. Solche Menschen sind nie frei von Hindernissen und Problemen. Dies zieht sie nach unten zur Erde und lässt sie immer wieder Leid erfahren. Bei jemandem, der gute Handlungen und gute Gedanken kultiviert, nimmt die gleiche Aura eine goldene Farbe an. Dies hilft bei der weiteren Entwicklung zu höheren Bewusstseinsebenen. Was immer solche Menschen unternehmen, die Hindernisse werden beseitigt und alles nimmt einen glücklichen Ausgang.

Wenn einem *tapasvi* (jemand, der strenge Askese betreibt) ein Leid zugefügt wird, entwickelt seine Aura gegenüber dem Angreifer tödliche Schwingungen.

Zum Zeitpunkt des Todes verlässt die Aura zusammen mit den innewohnenden Tendenzen der betreffenden Seele den Körper und schwebt in der Atmosphäre wie ein mit Helium gefüllter Luftballon. Sie kann nach dem Tode nicht im Körper bleiben. Sie wird sich einen neuen Körper für ein weiteres Leben aussuchen, der zu den Wünschen und Anhaftungen des vorherigen Lebens passt."

Wenn wir uns in der Gegenwart reiner Seelen befinden, fühlen wir uns glücklich, friedvoll, angenehm und heimisch. In der Gegenwart von Menschen, die vorwiegend von negativen Gedanken und Gefühlen dominiert werden, fühlen wir das Gegenteil und werden unbehaglich, ängstlich, ruhelos und gereizt. Nicht nur Menschen, sondern auch Orte besitzen eine bestimmte Aura. *Mahatmas* strahlen eine machtvolle göttliche Gegenwart aus. Aufgrund der Verbindung zwischen ihrem unendlichen Wesen und dem Körper werden sie zum Kanal für die unendliche Gegenwart Gottes. Es gibt einen Vers in der *Gita*, der dies beschreibt:

> „Alles, was die strengen Weisen, die frei sind von Begehren und Zorn, die ihren Geist gezähmt und das Selbst verwirklicht haben, umgibt, strahlt den seligen Frieden *Brahmans* aus."
>
> -Kap.5, V. 20

Es mag an dieser Stelle angemessen sein zu erläutern, was in Indien unter einem Weisen und unter einem Heiligen verstanden wird. Gibt es da einen wesentlichen Unterschied oder ist das ganze nur eine Frage der Wortwahl? Traditionell wird ein Heiliger als eine Person betrachtet, die nach Gottverwirklichung strebt und einen gewissen Grad geistiger Reinheit erreicht hat. Ein solcher Mensch spiegelt die Gegenwart Gottes wider - jedoch nicht ihre ganze Fülle. Heilige müssen noch an ihrer Vollkommenheit und absoluten geistigen Reinheit arbeiten. Ein Weiser hingegen ist jemand, der die Einheit mit dem Göttlichen Sein erlangt hat. Solche Weisen können zu großen Lehrern der Menschheit werden oder einfach ein abgeschiedenes Leben führen. Ein Weiser wird manchmal als Heiliger bezeichnet, doch Heilige werden gewöhnlich nicht als Weise betrachtet.

Der Frieden, der Weise umgibt

Sri Krishna beginnt mit den Worten: „Alles, was die strengen Weisen umgibt ...“ Was ist hier mit ‚streng‘ gemeint? Es beschreibt einen Lebensstil, der durch Disziplin und die Unterlassung körperlicher und geistiger Vergnügungen charakterisiert ist. Nachdem sie solch ein strenges Leben geführt und Selbstverwirklichung erreicht haben, können *mahatmas* auf die gleiche Weise weiterleben als ein müheloser Ausdruck ihrer großen Einfachheit und Zufriedenheit. Ihnen verlangt es nach nichts, denn sie befinden sich schon im Zustand vollkommenen Friedens. Sie haben ihr Zentrum dauerhaft in Gott gefunden. Sie sind immer von Seligkeit erfüllt und obwohl sie vielleicht Witze machen, dient dies einem ernsten Zweck, nämlich in den Menschen das Bedürfnis nach einem göttlichen Leben zu wecken. Das Wort ‚streng‘ bezieht sich mehr auf ihre innere Erfahrung der Wirklichkeit als auf ihren äußeren Lebensstil. Sie leben in einem unvorstellbaren und unbeschreiblichen Zustand jenseits des Körperbewusstseins - sie sind das Bewusstsein Selbst.

Die *Gita* sagt, dass es drei Tore gibt, welche die Seele zur Hölle führen: Begehren, Zorn und Habsucht. Der Geist der Weisen ist so völlig rein und von allen Gedanken entleert, dass außer dem Selbst oder Gott nichts mehr übrigbleibt, „... die frei sind von Begierde und Zorn.“

Ihr Geist ist einem klaren Himmel vergleichbar - wolkenlos und ohne Staubpartikel. Wünsche kommen in ihnen nicht auf, denn sie sind ewig erfüllt und zufrieden mit dem Zustand des Einsseins, den sie verwirklicht haben. Auch Zorn überkommt sie nicht, denn sie haben keine Wünsche, nicht einmal den subtilsten. Wut ist die Reaktion auf abgelehnte Wünsche - doch von diesen sind sie frei. Sie können wütend oder ärgerlich erscheinen, um einen Menschen zu korrigieren oder eine Situation zu meistern. Diese Emotionen befinden sich nur auf der Oberfläche ihres Geistes und sie dienen dem Wohlergehen anderer. Es ist wie eine Linie, die auf dem Wasser gezeichnet wird und im nächsten Moment nicht mehr existiert.

Die Geduld des Sokrates

Der große Philosoph Sokrates hatte eine Frau (Xanthippe), die sehr ungeduldig und zornig war. Sie war ein großer Segen für ihn, denn so lernte er, Geduld zu haben. (Natürlich hätte es auch jemand anderer mit diesem Naturell sein können, nicht unbedingt die Ehefrau.) Eines Tages dachte er sehr tief über ein philosophisches Problem nach. Wie es Xanthippes Gewohnheit war, kam sie auf ihn zu und beschimpfte ihn mit sehr scharfen, gemeinen und verletzenden Worten

Sie schmähte ihn, beleidigte ihn und verlangte seine Aufmerksamkeit. Doch Sokrates ignorierte sie, denn er war ganz in Gedanken versunken. Er pflegte eine Sache immer zu Ende zu bringen, bevor er sich etwas anderem zuwandte. Heutzutage ist diese Konzentration häufiger anzutreffen, wenn Leute den Blick nicht von einem Computerbildschirm oder einem Smartphone abwenden können, um mit einem Besucher zu sprechen!

Die Frau heulte auf und stürmte auf ihn zu, doch Sokrates schenkte ihr keine Beachtung. Schließlich geriet sie außer sich vor Zorn; sie nahm ein Gefäß mit schmutzigem Wasser und goss es ihm über den Kopf. War Sokrates nun ungehalten oder verärgert? Nicht im Geringsten.

Zuerst lächelte er, dann lachte er auf und sprach: „Heute trifft das Sprichwort ‚Oftmals, wenn es donnert, gießt es‘ wirklich haargenau zu!" Danach wandte er sich wieder seinen Gedanken zu. Man könnte sagen, er sei ein sehr taktloser Mensch gewesen, doch dies ist nicht der springende Punkt der Geschichte. Wenn man seine Affekte zähmen will, sollte man sich durch Schwierigkeiten nicht entmutigen lassen. Wie es so schön heißt: „Es gibt keine Schwierigkeiten - nur Gelegenheiten." Wenn Sokrates es so perfekt tun konnte, warum dann nicht auch jemand anderer? Gerade schwierige Umstände bieten einem dazu eine Chance. Die Weisen haben das Stadium erreicht, in dem sie keine Wünsche mehr haben, also gibt es auch keinen Zorn mehr - das ist in der Tat ein Meisterstück!

Sri Krishna sagt, die Bedingung für Selbstverwirklichung sei gegeben, wenn man ‚den Geist gezähmt und das Selbst erkannt‘ habe. Wir können Tempel besuchen, beten, *bhajans* singen, hundert Millionen Mal *japa* machen, meditieren, die Schriften lesen, nach Indien gehen und dort 50 Jahre leben - all dies können wir tun, doch wenn unser Geist nicht ruhig wird, wofür Konzentration und Selbstkontrolle die Voraussetzungen sind, werden wir das letztendliche Ziel all dieser Aktivitäten - nämlich inneren Frieden - nicht erreichen. Wenn der Geist zurücktritt, bleibt nur unser wahres Selbst, unser wirkliches Wesen oder Gott übrig. Das Einzige, was die Vision Gottes oder Selbstverwirklichung verhindert, ist unser ruheloser Geist. Wenn der Geist geläutert ist und keinen anderen Gedanken mehr hat außer der Gegenwart Gottes oder des *atman*, dann geht er zurück in seine Quelle, das reine Bewusstsein. Wenn man einen Donut (oder ein Vada) frittiert, weiß man, wann es fertig ist, nämlich dann, wenn keine Blasen mehr entstehen. Die Hitze des *tapas* bringt alle Gedanken in uns nach oben, damit wir sie auflösen können. Sind keine Gedanken mehr vorhanden, dann sind wir ‚fertig gekocht‘.

Solche Wesen werden umstrahlt vom ‚seligen Frieden *Brahmans*‘, wie *Sri Krishna* es ausdrückt. Viele Devotees haben dies bei Amma erfahren. Eines Nachts beim *darshan* in Chicago rief mich Amma zu sich und bat mich, für die Devotees zu übersetzen, die mit ihr sprechen wollten. Die Person, die sonst übersetzte, war nicht da, so fiel die Aufgabe mir zu. Ich setzte mich und fühlte einen solch überwältigenden Frieden von Amma ausgehen, dass mein Hirn nicht mehr funktionierte. Wie ein Idiot saß ich da mit einem dummen Grinsen auf dem Gesicht. Ich blickte zu Amma hoch und sagte: „Ich fühle mich so...“ - und bevor ich den Satz noch beenden konnte, ergänzte sie: „...friedvoll?“

Als *Sri Ramana Maharshi* gefragt wurde, woran man einen *mahatma* erkennen könnte, antwortete er: „An dem Geistesfrieden, den man in seiner Gegenwart erfährt und an der Achtung, die man ihm gegenüber empfindet.“

Während einer der ersten US-Touren kam Amma auch nach Santa Fe. Hinten im Saal saß eine Frau drei oder vier Stunden lang während des *darshans* am Nachmittag. In jenen Tagen waren nicht so viele Leute da. Die Dame war nicht sehr an spirituellen Belangen interessiert, doch empfand sie große Zuneigung und Respekt für Amma. Nachdem Amma aufgestanden und auf ihr Zimmer gegangen war, kam die Dame zu mir und sagte: „Es herrscht ein intensiver Friede in diesem Raum. Wenn es irgendjemanden gibt, der die Welt verbessern kann, dann ist es sicherlich Amma.“ Dies kam von einer Person, die keine durch Meditation gesteigerte Feinfühligkeit besaß, und dennoch konnte sie den Frieden fühlen, der von Amma ausstrahlte.

Die Energie in der Nähe eines Mahatmas

Der Frieden *Brahmans*, der von *mahatmas* ausstrahlt, hat nicht nur einen Einfluss auf den Geist in Form von Ruhe, sondern auch auf den Körper der Menschen. Devotees, die während des *darshans* die ganze Nacht aufbleiben, stellen fest, dass sie sich frisch und voller Energie fühlen, auch wenn sie normalerweise früh schlafen gehen. In Indien gibt es einen Feiertag namens *maha-shivaratri*. Er beginnt morgens um 6 Uhr und endet 24 Stunden später. Man soll während dieser Zeit nicht schlafen, stattdessen widmet man sich Gebeten, Meditation und anderen hingebungsvollen Übungen. Viele Menschen empfinden es als ziemlich schwierig, wach zu bleiben und manche gehen sogar in einen religiösen Film, um nicht einzuschlafen. Doch in Ammas Fall ist es sicherlich nicht so. Ihre Gegenwart tankt alle mit Energie auf, ohne dass man es merkt.

Vor vielen Jahren litt ein Bruder von Amma an hohem Fieber und fühlte sich ruhelos. Ich saß gerade bei Amma, zusammen mit einigen Devotees, zu denen sie sprach. Ihr Bruder kam herbei und setzte sich dazu. Er sah elend aus. Nach einigen Minuten stand er auf und ging. Wiederum nach einigen Minuten kehrte er zurück ... Dies wiederholte sich mehrere Male. Schließlich fragte ich ihn, was los sei. Er sagte, jedes Mal, wenn er sich zu Amma setzte, fühlte er sich vollständig vom Fieber befreit, doch sobald er sie verließ, kehrte es zurück. Er fragte sich, was es damit auf sich hatte und ob es mit seiner Schwester zu tun hätte. Schließlich fand er heraus, dass es auf Ammas körperliche Nähe zurückzuführen war. Nach dieser Erfahrung wurde sein Vertrauen in Amma fest und dauerhaft.

Jenen seltenen Seelen, denen es vergönnt ist, im *ashram* von *Amritapuri* zu leben, ist Ammas körperliche Gegenwart die größte Hilfe für ihr spirituelles Leben. Für uns andere ist es ebenfalls gut, so viel Zeit wie möglich mit ihr zu verbringen. Dies wird schließlich dazu führen, dass wir ihren seligen Frieden in unserem eigenen Geist wahrnehmen, wo immer wir uns auch befinden mögen. Bis dahin jedoch sollten wir nicht selbstzufrieden sein und denken, ihre physische Gegenwart sei für unser spirituelles Wachstum nicht erforderlich. Nichts kann weiter von der Wahrheit entfernt sein. Es kann keine größere Hilfe geben als die Nähe zu Amma.

KAPITEL ACHT

Die Dunkelheit in uns

D iejenigen von uns, die an einem spirituellen Leben interessiert sind, besaßen zu Anfang wahrscheinlich keinerlei Vorstellung davon, dass auf dem Pfad viele Schwierigkeiten auftauchen würden. Wir lasen die Lebensgeschichten *Buddhas* wie auch anderer Weiser und dachten, dass, anders als bei ihnen, vermutlich bereits ein wenig Bemühung ausreichen würde und wir bald schon die Wonne des *samadhi* oder der Erleuchtung genießen könnten. Aufgrund unseres Egos und unserer Unwissenheit haben wir vielleicht geglaubt, es würde nicht lange dauern, bis wir Selbstverwirklichung erreichten, ähnlich einem fünfjährigen Kind, welches meint, dass es nach dem Kindergarten mit ein klein wenig Anstrengung einen Doktortitel erreichen könnte. Ein wenig Glück und ein wenig Arbeit (wie bei anderen Zielen im Leben auch) - und wir werden es schaffen! Natürlich ist dies nicht der Fall. Selbstverwirklichung ist nichts für den Leichtlebigen. Es gibt keine Abkürzungen. Je wertvoller eine Sache ist, desto mehr kostet sie. Und was ist die begehrteste Sache für alle Lebewesen? - Frieden. Wer erreicht Frieden? In der *Gita* sagt *Sri Krishna*:

> „Derjenige Mensch erlangt Frieden, der alles Verlangen aufgegeben hat und ohne Anhaftung umherwandert, der ohne Selbstsucht und Eitelkeit ist. Dies ist der Brahman-Zustand. Wer ihn erreicht, ist frei von

Täuschung. Wenn man in ihm selbst während der letzten Lebensphase verweilt, erreicht man die Seligkeit *Brahmans*."

Kap.2, V. 71-72

Wenn es uns ernst damit ist, die höheren Bereiche der Spiritualität zu erreichen, halten manche von uns Ausschau nach einem Menschen, der dies bereits geschafft hat und uns den Weg zeigen kann. Bücher können uns nur wenig weiterhelfen. Wie weit kommt ein Kind auf seinem Bildungsweg ohne Anleitung durch einen Lehrer? Selbst wenn wir einen erfahrenen Lehrer finden, der bereit ist, uns zu helfen und uns Unterricht erteilt, was passiert dann? Alle möglichen Dinge passieren, nur nicht das, was wir erwartet haben. Dies ähnelt der Geschichte, wenn wir mit einem Husten zum Arzt gehen und am Ende auf dem Operationstisch landen. Unsere Krankheit ist doch komplizierter als wir gedacht haben.

Ein paar Monate, nachdem ich zu Amma gekommen war, saß ich mit ihr vor dem *kalari,* dem kleinen Tempel, der damals unser Lebensmittelpunkt war. Ein westlicher Besucher gesellte sich zu uns. Er war an spiritueller Verwirklichung interessiert, hatte jedoch, bevor er zu Amma kam, kaum ernsthafte Anstrengungen unternommen. Amma schaute ihn an und sagte: „Mein Sohn, du möchtest doch Tag und Nacht in *samadhi* verbringen, nicht wahr?" Er nickte, woraufhin Amma lächelte und sagte: „Hmmm." Dieses ,Hmmm' hatte eine profunde Bedeutung, die keiner von uns damals verstehen konnte. Nur Amma wusste, was für ein riesiges Ausmaß an Selbst-Läuterung nötig sein würde, um dies zu erreichen, was wahrscheinlich mehr als eine Lebenszeit in Anspruch nehmen würde. Dieser Mann, der aus dem Westen kam und einige spirituelle Bücher gelesen hatte, dachte wahrscheinlich, es sei eine Sache von ein paar Monaten Anstrengung unter Ammas Leitung, bis er *samadhi* erreicht hätte. Vielleicht

98

hatte die Stille, die er in Ammas Gegenwart erfuhr, ihn in diesem Glauben bestärkt.

Erste Zeichen des Fortschritts

Eines der ersten Dinge, die einem ernsthaften Adepten widerfahren, sobald er wirkliche Anstrengungen unternimmt, die Anweisungen des *guru* in die Tat umzusetzen, ist das intensive Aufwallen von Trägheit oder Schläfrigkeit. Amma sagt:

„Wenn wir versuchen, die negativen Gedanken zu eliminieren, werden sie zum Problem. Wenn ihr euch während der Meditation schläfrig fühlt, Kinder, müsst ihr aufpassen, dass ihr nicht zu Sklaven des Schlafes werdet. Im Anfangsstadium der Meditationspraxis kommen alle tamasischen und trägen Eigenschaften an die Oberfläche. Wenn ihr wachsam seid, werden sie schließlich verschwinden. Wenn ihr euch schläfrig fühlt, steht auf, macht *japa* und benutzt beim Laufen eine *mala* oder einen Rosenkranz. Haltet die *mala* bewusst an die Brust und macht das *japa* ohne Hast. Fühlt ihr euch dann immer noch schläfrig, macht *japa* stehend, ohne euch anzulehnen oder die Beine zu bewegen."

Mein spirituelles Leben begann, als ich achtzehn war. Ich weiß nicht warum, aber Selbstverwirklichung wurde für mich eine Sache von Leben und Tod - mache es oder stirb! Mit meiner Ankunft in Indien begann die Misere. Wann immer ich die Augen schloss, schlief ich ein; es dauerte kaum eine halbe Sekunde, selbst wenn ich in der vorherigen Nacht acht Stunden geschlafen hatte. Sogar wenn jemand mit mir sprach, war es nichts Ungewöhnliches, dass mein Kopf nach vorne fiel und ich während des Zuhörens einschlief. Oder ich las ein Buch, und das nächste, woran ich mich erinnern konnte, war, dass ich wie ein Häufchen Elend auf dem Boden lag, ähnlich wie eine Qualle ohne Wasser. Es war schrecklich und bedrückend. Ich fühlte mich elend und dachte: ‚Was passiert hier mit mir? Ich bin nach Indien gekommen, um Gott zu verwirklichen, und alles, was ich tun kann, ist einzuschlafen. Wenn ich in der Meditationshalle des *ashrams* im Lotussitz saß, dachten einige Devotees vielleicht, ich sei ein guter Meditierer. Doch obwohl die Ruhe des *samadhi* und des Schlafes identisch aussehen mögen, existiert zwischen beiden doch ein Unterschied wie Tag und Nacht.

Ich wusste mir nicht zu helfen. Es war eine ernste Situation. Ich war furchtbar frustriert und gestresst. Ich ging zu meinem damaligen spirituellen Lehrer und fragte ihn: „Was soll ich nur tun? Ich dachte, Meditation sei der Weg zur Verwirklichung. Wenn es so weitergeht, kann ich das vergessen. Vielleicht bin ich hier fehl am Platze." Sogar während er mir antwortete, schlief ich wieder ein! Ich dachte: „Vielleicht bin ich krank, habe möglicherweise die Schlafkrankheit. Ich könnte sie mir auf dem Boot geholt haben, als ich hierhin kam. Bevor ich nach Indien kam, hatte ich dieses Problem nicht." Ich sagte: „Ich glaube, körperlich stimmt etwas nicht mit mir."

Er antwortete: „Okay, wie du meinst. 80 Kilometer von hier gibt es ein sehr gutes Privatkrankenhaus. Warum gehst du nicht dorthin und lässt dich gründlich durchchecken, einschließlich einer psychiatrischen Untersuchung?"

Obwohl ich seine Gesellschaft und mein *seva* eigentlich nicht missen wollte, fühlte ich, das ich keine andere Wahl hatte und stimmte zu. Am nächsten Tag fuhr ich dorthin. Ich verbrachte zehn Tage in diesem Krankenhaus und unterzog mich allen möglichen Untersuchungen. Sie machten sogar ein EEG mit mir, um meine Gehirnwellen zu testen. Schließlich kam das Ergebnis:

„Es fehlt Ihnen nichts. Sie können nach Hause fahren." Als ich in den *ashram* zurückkam, sagte ich zu meinem Lehrer: „Sie haben nichts finden können."

„Natürlich nicht", sagte er. „Hast du etwa gedacht, sie würden etwas finden?"

„Aber warum hast du mich dann dorthin geschickt?"

"Ich wollte, dass du dorthin gehst, um zu erkennen, dass dir körperlich nichts fehlt. Dieses dichte *tamas*, das du erfährst, ist nicht nur die Dunkelheit deiner Lebensgewohnheiten aus der Zeit, bevor du nach Indien kamst, sondern stammt auch aus deinen früheren Leben und tritt jetzt an die Oberfläche. Wenn du eine schmutzige Flasche reinigen willst, gießt du sauberes Wasser in sie, um den Schmutz herauszuspülen. Nun, da du dich zu konzentrieren versuchst, ist Trägheit das erste, was an die Oberfläche kommt. Du musst kämpfen, bis sie ihre Kraft verliert. Schon das Wort *tamas* selbst bedeutet ‚dasjenige, welchem schwer zu widerstehen ist'.

Wann immer du spürst, dass *tamas* nach oben kommt und du dich dumpf und zerstreut fühlst oder einschläfst, musst du deinen Geist mit aller Macht davon wegreißen und dich intensiv auf etwas konzentrieren. Wenn jemand mit dir spricht, lass deinen Geist nicht umherwandern. Fokussiere dich ausdrücklich auf das, was die andere Person sagt. Lass deinen Geist nicht leer werden. Wenn du lesen willst, tut es, indem du mitten im Zimmer aufstehst. Lehne dich unter keinen Umständen an irgendetwas an. Das wird dein Nervensystem in einem straffen Zustand halten, die dir helfen wird, die Trägheit zu überwinden."

Wie man Tamas überwindet

Dort, wo ich lebte, gab es einen heiligen Berg. Mein Lehrer sagte mir, um einen Teil meiner Trägheit loszuwerden, sollte ich täglich ab Mitternacht um den Berg herumlaufen - eine Strecke von ca. 10 Kilometern. Er dachte sich auch noch andere Dinge aus, um mich wach zu halten. Er pflegte für uns beide zu kochen. Ich mag die indische Küche, doch der Vorliebe der Inder für Chilis konnte ich nichts abgewinnen. Kürzlich las ich, dass Chilis sehr gesund sind, doch offensichtlich ist meine Zunge nicht dick genug, dies wertzuschätzen. Es gibt viele Chili-Arten, einige Namen klingen bereits furchterregend, wie etwa Kirschbombe, Feuerwerkskörper, Super-Chili, Thai-Heiss, Dämonisch Rot, Carolina-Sensenmann, Muruga-Skorpion und Naga-Viper! Er bereitete alle Speisen mit zwei- oder dreimal mehr Chilis als normal zu. - Meine Nase lief, meine Ohren liefen, alles an mir ‚lief‘. Doch wurde mir gesagt, ich dürfe die Chilis, die in meinem Essen waren, nicht ausspucken sondern müsse sie hinunterschlucken. Er sagte, dies würde meinen Körper aufheizen und mich aktiver machen. Letzten Endes hatte er Recht. Es war wirklich ein Kampf, doch es gelang mir, mich von der Dumpfheit zu befreien. Es war ein Kampf auf des Messers Schneide, doch bin ich sehr dankbar dafür, dass es geschah und ich die Natur von *tamas* zu verstehen lernte - wie auch die Willenskraft entwickelte, sie zu überwinden. Es ist ein wichtiger Schritt auf dem Pfad, die Kraft zu erlangen, dem Geist Einhalt zu gebieten, ihm zu sagen, „Sei bitte still“, und dafür zu sorgen, dass er auch gehorcht. Der Geist hört nicht einfach von selbst auf, wie lange wir auch darauf warten mögen. Wir müssen kämpfen, um ihn zu stoppen, und dieser Kampf stärkt die Willenskraft, den ruhelosen Geist in die Schranken zu weisen.

Ammas Ratschlag

Wir müssen uns bemühen - dies ist es, was Amma uns sagt. Immer wieder müssen wir es versuchen, dann können wir es erreichen. Gleichwohl gilt:

„Wenn wir versuchen, die negativen Gedanken zu überwinden, werden sie Unruhe stiften."

Abgesehen von der Dunkelheit des *tamas* beginnen auch unerwünschte Gedanken uns zu behelligen. Wir werden negativer, ärgerlicher und vorurteilsvoller; unsere sinnlichen Neigungen werden stärker; alle Arten von verwirrenden und seltsamen Dinge, die wir nicht erwarteten, kommen auf. Spirituelle Seligkeit wird ein ferner Traum. Man sage nicht, dass Amma einen nicht gewarnt hätte!

Es ist nicht so, dass diese problematischen Eigenschaften nicht bereits dagewesen waren, bevor wir mit der spirituellen Praxis begannen. Zweifellos hegten wir früher solche Gedanken, doch empfanden wir sie damals nicht als störend. Nun hat sich unsere Haltung geändert, und wir sind uns all des unerwünschten Mülls im Haus unseres Geistes bewusst geworden. Amma sagt:

„Wenn diese Gedanken im Geist auftauchen, sollten wir unsere Unterscheidungskraft nutzen und uns fragen: Oh, Geist, was für einen Sinn macht es, sich in derartigen Gedanken zu ergehen? Ist es unserem Ziel förderlich, solche Dinge zu denken?"

Mit anderen Worten, Amma rät uns hier wenn der Geist mit seinen fragwürdigen Neigungen, den *vasanas,* aufzubrausen beginnt, ihm zu entgegnen: „Macht es denn irgendeinen Sinn, über all diese Dinge nachzudenken? Ist dies dein Ziel?" Hoffentlich haben wir inzwischen begriffen, was unser Ziel sein sollte: Geistesfrieden.

Leidenschaftslosigkeit ist wichtig

Amma sagt, dass unser Lebensziel bis vor kurzem darin bestand, Glück durch das Streben nach äußeren Gegenständen und Beziehungen zu finden.

Seltsamerweise waren sogar unsere negativen Eigenschaften eine Quelle des Glücks. Mäkelei, Verärgerung, Klatsch, Stolz, Arroganz, die ganze Skala sexueller Gedanken, Worte und Handlungen – sie alle waren in gewissem Sinne eine Vergnügen für uns. Je mehr wir in diesen Gewohnheiten schwelgten, desto tiefer ergriffen sie von uns Besitz, bis sie schließlich zu unserer primären Natur wurden. Um das Problem des rastlosen Geistes an der Wurzel zu fassen, rät Amma:

> „Gegenüber weltlichen Gegenständen sollte man völlige Leidenschaftslosigkeit entwickeln."

Amma spricht von ‚völliger Leidenschaftslosigkeit'. Sie misst der Leidenschaftslosigkeit auf dem spirituellen Pfad sehr große Bedeutung bei. Im *Vivekachudamani,* einem klassischen Werk *Sri Shankaracharyas* über die Selbstverwirklichung, heißt es:

> „Für den Selbstbeherrschten finde ich kein besseres Instrument, um glücklich zu sein als Leidenschaftslosigkeit. Wenn dies einhergeht mit der hohen und reinen Erkenntnis des Selbst, befördert es die Oberherrschaft der Absoluten Freiheit; sei daher um deines eigenen Besten willen sowohl innerlich als auch äußerlich leidenschaftslos und richte deinen Geist ständig auf das ewige Selbst, da dies der Torweg zur Jungfrau ewiger Befreiung ist."

-V. 376

Der Grund dafür, dass wir im spirituellen Leben keine schnelleren Fortschritte machen, besteht im Mangel an strenger Leidenschaftslosigkeit.

Unser Fortschritt bei dem Bemühen, nach innen zu tauchen, steht im genauen Verhältnis zu dem Maß an Loslösung gegenüber drei Dingen: Den äußeren Gegenständen, dem Körper und der Welt, in welcher beide sich befinden. Unsere Wünsche halten unseren Geist an der Oberfläche fest. Völlige Leidenschaftslosigkeit und vollkommene Konzentration sind zwei Worte für dieselbe Sache.

Loslösung oder Leidenschaftslosigkeit keimen in dem Geist auf, der die wahre Natur des Körpers und der Welt angemessen beurteilt. Ein solches Unterscheidungsvermögen führt zu der Einsicht, dass es mit den Mitteln, die wir normalerweise anwenden, unmöglich ist, dauerhaftes Glück zu finden, so sehr wir uns dies auch wünschen. Zweifellos gewähren der Körper und die Welt uns in Form von Vergnügungen ein gewisses Ausmaß an Glück, doch für unterscheidungsfähige Seelen ist es nicht genug. Glücklicherweise sagt Amma, dass anhaltendes Glück durchaus möglich ist, doch müssen wir dort nach ihm suchen, wo es wirklich zu finden ist. Wir müssen zu der Überzeugung gelangen, dass es existiert und dass es der Mühen wert ist, diesen Zustand zu erreichen, sei es durch eigene Beobachtungen, die Aussagen der spirituellen Literatur oder den Kontakt mit *mahatmas* wie Amma, die ständig in jenem transzendenten Bewusstsein leben. Als Ergebnis eines unermüdlichen *sadhana* wird unser Geist vollkommen friedvoll und absolut gefestigt - das reine Gewahrsein unseres eigenen Selbst. Ob unsere Auffassung der Wirklichkeit nun unser wahres Selbst oder der universale Herr in unserem Innern ist, in jedem Fall ist Leidenschaftslosigkeit erforderlich.

Liebe zu Gott oder dem Selbst wächst nur dann, wenn wir Geist und Herz vollständig hingeben. Wie es in einem alten Spruch aus der Bibel heißt:

> „Du sollst den Herrn, deinen Gott lieben mit all deinem Herzen, mit deiner ganzen Seele und mit all deiner Kraft."

-Deuteronomium 6:5

Göttliche Liebe ist nur möglich, wenn wir unerschütterliche Leidenschaftslosigkeit entwickeln und unseren ruhelosen Geist immer wieder aufs Neue sammeln.

KAPITEL NEUN

Das Ego und das Selbst

„Was ist wirkliches Selbstvertrauen? Wahres Selbstvertrauen entsteht nicht aus dem Ego, sondern aus dem
Bewusstsein des wahren Selbst."

-Amma

Wenn Amma von ‚Selbst-Vertrauen' spricht, meint sie
nicht die gewöhnliche Zuversicht des kleinen Ego,
sondern vielmehr den Glauben, die Überzeugung
und die Weisheit, die aus der Erfahrung und Hingabe an Gott
bzw. den *guru* erwachsen. Wenn wir bei einem wahren *guru* leben,
beobachten wir seine Handlungen, Worte und Lehren; wir entwickeln Vertrauen in seine Lebensführung. Allmählich werden wir
zu seinem Abbild umgeformt. Nach länger anhaltender spiritueller
Praxis werden wir schließlich auf die göttliche Gegenwart, die er
verkörpert, eingestimmt und nehmen Anteil an seiner Stabilität
und inneren Verankerung im Gottesbewusstsein

Mehr als das bloße Lesen spiritueller Bücher ermöglicht uns
der Kontakt mit einem *mahatma* wie Amma - und sei es auch
nur für kurze Zeit - mit eigenen Augen zu sehen, was göttliche
Liebe und Selbstbewusstsein wirklich bedeuten.

Man sagt, Gott sei Liebe. Für die meisten klingt das abstrakt.
Wie kann Gott Liebe sein, wenn es so viel Ungleichheit und Leid
auf der Welt gibt? Man hat uns auch gesagt, dass alle Menschen
vom Schöpfer gleich geschaffen wurden.

Die Erklärung der Unabhängigkeit der Vereinigen Staaten von Amerika aus dem Jahre 1776 sagt:

„Wir halten die Wahrheit für selbstverständlich, dass alle Menschen gleich geschaffen, dass sie von ihrem Schöpfer mit gewissen unveräußerlichen Rechten ausgestattet wurden und dass zu diesen das Recht auf Leben, Freiheit und das Streben nach Glück gehört."

Ammas Leben lehrt uns, dass es noch eine andere Bedeutung von ‚Gleichheit' gibt. Die Gleichheit, die wir angeblich von Geburt an besitzen, wird sehr ungleich, wenn wir heranwachsen. Schon Kinder werden mit Begünstigung und Diskriminierung konfrontiert. Die Gleichheit jedoch, die Amma verkörpert, ist immer dieselbe und zwar nicht nur gegenüber Menschen sondern sogar gegenüber Pflanzen und Tieren. Da sie sich mit dem Universellen Leben und Bewusstsein identifiziert, erkennt sie dieses Prinzip in allen Dingen und drückt es aus durch wunschlose und unparteiische Liebe.

Die Vision der Einheit, die Amma besitzt, ist gerade das Gegenteil von Ichbezogenheit und Egoismus.

Ichbezogenheit: Eine übertriebene Geltungssucht; die Gewohnheit, zuviel über sich selbst zu sprechen.

Egoismus: Der Egoist setzt sich selbst und seine eigenen Bedürfnisse über alle anderen; eine höchst selbstsüchtige Person.

In der Vielfalt die Einheit sehen

Wesen wie Amma sehen Einheit in der Vielfalt. Sie identifizieren sich mit jedem. Sie haben ihren Sinn für das Selbst von dem winzigen, begrenzten Ego zum unbegrenzten Sein ausgedehnt durch die vollkommene Entsagung jeglicher Individualität und deren Ausprägungen wie Begierde, Furcht etc..

„Derjenige erfährt Wertschätzung, der gegenüber den Gutherzigen, Freunden, Feinden, Gleichgültigen, Neutralen, Hasserfüllten, Verwandten, Rechtschaffenen wie Unrechtschaffenen die gleiche Geisteshaltung bewahrt."

-Bhagavad Gita, Kap.6, V. 9

Solche gleichmütigen *mahatmas* waren darin erfolgreich, den wandernden Geist durch wiederholte Praxis und Verweilen im Brahman-Bewusstsein zu bändigen. Wesen, die Selbstverwirklichung erlangt haben, erkennen sowohl sich selbst als auch jeden anderen als Jenes (*Brahman*). *Sri Krishna* fährt fort:

„Wenn sein (des *yogi*) Geist durch *yoga* unerschütterlich geworden ist, sieht er das Selbst in allen Wesen und alle Wesen im Selbst wohnen; überall sieht er dasselbe. Wer überall Mich und alles in Mir sieht, wird niemals von Mir getrennt werden und Ich werde nicht von ihm getrennt. Der *yogi*, der auf Einheit bedacht ist und Mich verehrt, der Ich allen Wesen innewohne, weilt in Mir ungeachtet seiner Lebensweise. Wer durch die Universalität des Selbst, oh *Arjuna*, überall dasselbe sieht, sei es in Schmerz oder in Freude, der wird als höchster *yogi* angesehen."

-Bhagavad Gita, Kap.6, V. 29-32

Diese letzten Verse der *Gita* sind der Lehre der Bibel sehr ähnlich, wo die ‚Goldene Regel' oder der moralische Grundsatz der Gegenseitigkeit aufgestellt wird, welcher folgendermaßen lautet:

„Man sollte andere so behandeln, wie man selbst von ihnen behandelt zu werden wünscht. Man sollte andere nicht so behandeln, wie man nicht von ihnen behandelt werden möchte."

Natürlich ist dies eher ein moralischer Rat als eine Erfahrung, die aus dem Einssein hervorgeht.

Meditation über Amma

Amma spricht nicht viel über sich selbst, doch gibt uns das Studium der *Bhagavad Gita* einen Einblick in ihre innere Erfahrung und das Ziel, nach dem wir streben sollten. Ständig an sie zu denken, Liebe und Hingabe vertreiben nach und nach alle nutzlosen Gedanken und Gefühle aus unserem Geist. Wir bemerken vielleicht, dass Situationen, die uns früher aufregten, dies nun nicht mehr tun. Wenn wir mit anderen sprechen oder kommunizieren, orientieren wir uns an Ammas Vorbild. Allmählich wird unser Ego geläutert und spiegelt Ammas Persönlichkeit wider.

Das ‚ich' wird langsam durch das ‚Du' ersetzt; unsere Handlungen werden durch Ammas Handlungen ersetzt, ebenso wie unsere Gedanken. Eine Haltung der Loslösung dämmert in unserem Geist auf und damit einhergehend ein Gefühl des Friedens. Viel später noch empfinden wir unsere Selbstsicherheit als eine Widerspiegelung Ammas, und unsere Ängste verlieren in dem Maße ihre Stärke, wie Ammas Gegenwart in uns wächst. Wir reden nicht mehr über Demut, sondern wir werden wirklich demütig. Als ein Ego werden wir durchsichtig und sanft; wir empfinden Amma als die unwandelbare Wirklichkeit im Hintergrund unseres Geistes. Wir werden zu nichts, während sie zu allem wird.

Fanatische Hingabe und Sanatana Dharma

Es gibt ein Stadium im spirituellen Leben, wenn der Devotee intolerant gegenüber denjenigen wird, die sich von ihm unterscheiden. Wenn Menschen Vertrauen in einen *guru*, eine heilige Schrift oder eine Religion entwickeln, geschieht es zuweilen, dass sie fanatisch und engstirnig werden. Dies ist nur natürlich, da sie von der Großartigkeit des neu gefundenen Lebensweges überzeugt sind. Tatsächlich ist diese Haltung in einem bestimmten Stadium des spirituellen Lebens sehr hilfreich. Es ist gut, auf eine einzige

Sache ausgerichtet zu sein, denn es schützt uns vor Ablenkungen wie auch vor Unentschlossenheit und dem Mangel an Charakterstärke und Ernsthaftigkeit bei unserer Praxis. Es ist unter Devotees weit verbreitet, von *ashram* zu *ashram* zu reisen oder ‚Guru-Shopping‘ zu betreiben. Am Ende muss man sesshaft werden und sich für einen Lehrer und eine Art von Praxis entscheiden. Wie das Sprichwort sagt, wenn du Wasser haben willst, solltest du nur an einer Stelle so lange graben, bis du es gefunden hast.

Einer der noblen Aspekte des *sanatana dharma* oder des Hinduismus, wie er gemeinhin genannt wird, ist die Akzeptanz aller Auffassungen von Gott bzw. der Wege, die zu ihm hinführen. Man schaue nur auf die universelle Anerkennung, welche Amma verkörpert. In ihr finden sich weder Bigotterie noch Engstirnigkeit. Wir müssen unserem eigenen Pfad in Festigkeit ergeben sein, jedoch gleichzeitig Aufgeschlossenheit gegenüber anderen Wegen an den Tag legen. Es erfordert eine gewisse Geschicklichkeit und Reife, beides zu vereinen.

Einmal kam die Beraterin einer Telefongesellschaft in den *ashram* von San Ramon. Sie interessierte sich nicht für Spiritualität. An der Wand sah sie das große Amma-Bild und schaute es eine Weile an, während sie weiter über Telefone sprach. Es war offensichtlich, dass sie neugierig war zu wissen, wer Amma sei.

„Wer ist diese Frau?", fragte sie.

„Nun, sie ist eine Heilige aus Indien, in mancher Hinsicht mit Mutter Theresa zu vergleichen", antwortete ich.

Ich betrachte diesen Vergleich als eine gute Möglichkeit, Amma Leuten vorzustellen, die nichts über indische Spiritualität wissen. Mutter Theresa ist nämlich eine weltweit bekannte Persönlichkeit und gilt außerdem als Heilige.

Sie sagte; „Oh, wirklich? Glaubt sie auch, dass Jesus der einzige Sohn Gottes ist? „

Diese Frage hatte ich nicht erwartet. Nun musste ich schnell denken.

„Sie glaubt, dass Jesus Christus ein Sohn Gottes ist, jedoch nicht der einzige."

„Wie kann das sein?"

„Nun, denken Sie doch einmal darüber nach. Menschen gibt es seit Jahrtausenden. Ist es möglich, anzunehmen, dass Gott während dieser ganzen Zeit gnädig genug war, sich nur ein einziges Mal zu inkarnieren, so dass jedermann, der danach lebte, an diese eine Inkarnation zu glauben hätte und dass von allen Menschen, die vorher lebten, niemand in den Genuss der Erlösung kommen würde, nur weil sie das Pech hatten, zu einer anderen Zeit geboren worden zu sein? Ich denke, ein Gott, der unendlich und ewig ist, muss sich hin und wieder zeigen, um auszuhelfen, wenn die Dinge einen schlechten Verlauf nehmen und Jesus war eine solche Inkarnation Gottes."

Darauf sagte sie: "Oh, so habe ich es noch nie betrachtet. Das macht doch einigen Sinn."

Danach sprachen wir einfach über Amma. Sie sah erfreut aus und sagte: „Ich versuche, Ihnen den größtmöglichen Rabatt zu geben, selbst wenn das meine Provision verringert." Sie war sehr froh darüber, dass es einen Menschen wie Amma in der heutigen Zeit überhaupt gibt. Ob sie am Ende auf ein Amma-Programm kam, weiß ich nicht, doch zumindest hat sie ihren *darshan* in Form eines Fotos erhalten. Anders als viele andere Leute war sie aufgeschlossen.

Man mag überrascht sein zu hören, dass es selbst unter hinduistischen Devotees Menschen gibt, die über ihre Gottesvorstellungen streiten. Dies ist heute nicht mehr so sehr ein Problem wie in vergangenen Jahrhunderten, als unterschiedliche Sekten sogar miteinander kämpften und sich aufgrund der Hingabe an ihren Gott gegenseitig umbrachten!

Der Shaiva und der Vaishnava

Es waren einmal zwei Devotees, die die Straße in entgegen gesetzte Richtung entlang gingen, als es plötzlich heftig zu regnen anfing. An der Straßenseite gab es nur ein einziges verfallenes Haus und so liefen beide dort hinein, setzten sich in einem Zimmer nieder und warteten darauf, dass der Regen aufhören würde. Der eine mit Namen *Shivadas* war ein Verehrer *Shivas*. Woran erkennt man, ob jemand ein Shiva-Devotee ist? Sie tragen drei waagerechte Streifen, die mit *bhasma* (Asche) auf ihre Stirn gezeichnet sind. Der andere Mann war *Vishnudas*, ein Verehrer *Vishnus*. und er hatte das, was man *namam* bezeichnet - drei vertikale Linien auf der Stirn. Sie blickten einander an und kamen für sich zu dem Schluss, dass sie aufgrund ihrer Differenzen nichts miteinander zu tun haben wollten. Sie setzten sich hin und kehrten dem jeweils anderen den Rücken zu, damit sie dessen Gott nicht sehen mussten. Dies erscheint ziemlich verrückt, nicht wahr? Wie lange konnte das so weitergehen? Schließlich mussten sie anfangen, miteinander zu reden, das war nur natürlich. Worüber sprachen sie? Sie versuchten, den anderen von der Überlegenheit ihres eigenen Gottes zu überzeugen!

Vishnudas sagte: "Sieh, mein vertikaler Gott stützt das Haus, in dem du Schutz suchst. Siehst du die Wände? Sie sind senkrecht, genau wie mein Gott *Vishnu.*" *Shivadas* konnte das natürlich so nicht stehen lassen, also antwortete er:

"Dein armer Gott ist ein Lasttier; er kann nur Dinge auf seinem Rücken tragen. Schau dir meinen Gott an, er ist der horizontale Gott, er ruht bequem auf deinem Gott." Er deutete auf die hölzernen Balken, die quer unter dem Dach angebracht waren. *Vishnudas* musste ihm irgendwie Paroli bieten, also sagte er: „Dass du so etwas sagen kannst, zeigt nur, wie kleingeistig du bist. Schau auf die senkrechten Balken, die auf den Dachsparren ruhen. Gib doch zu, dass mein senkrechter Gott großartiger ist als dein waagerechter Gott."

Nun war *Shivadas* wirklich aufgebracht; er war nicht bereit, eine solche Aussage zu akzeptieren, also sagte er: „Hast du denn keine Augen im Kopf? Kannst du nicht erkennen, dass sich auf deinem senkrechten Gott auch ein waagerechter Gott befindet? Die Bambusstangen halten das ganze Dach!"

Nun gab es im Haus nichts mehr, worüber sich streiten ließe. Also lief *Vishnudas* hinaus in den Regen und blickte zum Dach hoch. „Schau dort oben auf der Spitze des Daches", sagte er, „auf den Bambusstäben befinden sich senkrechte Ziegel, also ist mein Gott doch größer als deiner. Ich habe gewonnen."

Shivadas kam heraus, und als er hinaufblickte, sah er tatsächlich, dass das Höchste auf dem Dach die Ziegel waren. Darüber befand sich nur noch der Himmel und ob dieser nun ein senkrechter oder waagerechter Gott war, konnte niemand sagen. Nun wurde er sehr ärgerlich. Er sprang auf das Dach, warf alle Ziegel hinunter und rief: „Ich werde dir zeigen, was für ein Gott deiner ist!"

Als *Vishnudas* dies sah, zerbrach er die Bambusstangen. Daraufhin zerstörte *Shivadas* die Dachsparren, worauf *Vishnudas* wiederum die Balken zerstörte. Am Ende zertrümmerte *Shivadas* die Mauern, worauf beide erschöpft im Regen saßen - jedoch glücklich darüber, dass sie beide den Streit gewonnen hatten, indem sie das Haus völlig dem Erdboden gleich gemacht hatten.

Es ist wirklich sinnlos, darüber zu streiten, welcher Gott großartiger und welcher Gott der größte ist. Wahrscheinlich lacht Gott über uns, denn keiner von uns kennt seine wahre Natur. Er ist keine Person, wie wir es sind. Gott ist *akhanda satchidananda,* die ungeteilte Einheit von Sein-Bewusstsein-Wonne, das Selbst von allen. Nichts existiert getrennt von ihm.

KAPITEL ZEHN

Der Mount Everest der Spiritualität

D as spirituelle Leben lässt sich in gewisser Hinsicht mit der Besteigung des Mount Everest vergleichen. Es verlangt beständige, beinahe übermenschliche Anstrengung und Aufmerksamkeit. Es ist ein Unternehmen auf Leben und Tod. Immerzu muss man extrem wachsam sein und jeden Fallstrick vermeiden, denn bereits der kleinste Fehler mag unter Umständen den eigenen Untergang bedeuten. Vor allem aber ist ein erfahrener Führer von essentieller Wichtigkeit. Es ist vielleicht nicht etwas für alle Menschen, doch für jemanden, der besessen ist von dem Wunsch, den erhabenen Blick auf dem Gipfel zu genießen, ist es aller Mühen wert.

Der alte indische Weise *Narada* war sowohl ein großer Devotee als auch eine selbstverwirklichte Seele. Er schrieb eine allumfassende Abhandlung über *bhakti*. Dieses Werk wird *Narada Bhakti Sutras* genannt. Ein *sutra* drückt eine weitumspannende Idee in prägnanter Form aus. *Narada* warnt uns vor einigen Fallgruben auf dem spirituellen Pfad und zeigt auf, was wir zu tun haben, um den Zustand göttlicher Liebe zu erreichen. Auch belehrt er uns darüber - und dies ist von gleicher Wichtigkeit - was wir vermeiden sollten. Beider Dinge müssen wir uns bewusst sein. Da wir soziale Lebewesen sind, müssen wir besonders achtgeben auf die Gefahren der Kommunikation mit Menschen, deren

Gesellschaft uns der Gefahr aussetzt, auszugleiten. Wir sollten nicht denken: „Meine Hingabe ist so stark, dass ich durch die Worte und Handlungen anderer Menschen nicht beeinflusst werden kann." Nicht nur, dass wir tatsächlich von dem beeinflusst werden, was andere Menschen sagen und denken - bereits die Schwingungen, die sie aussenden und die Speise, die sie uns anbieten, können dies bewirken.

„Vermeide unter allen Umständen den Kontakt mit boshaften Personen, denn ihre Gesellschaft führt zum Aufkommen sexueller Begierden, Zorn, Täuschung, dem Verlust der Erinnerung wie des Unterscheidungsvermögens und bewirkt letztendlich unseren völligen Ruin. Obwohl die üble Gesellschaft anfänglich nur das Geriesel eines Rinnsals ist, gleicht sie am Ende doch den Wellen des Ozeans."

-Narada Bhakti Sutras v.42-45

Amma sagt, wir sollten sehr vorsichtig sein und die zarte Pflanze des Vertrauens und der Hingabe durch den Zaun der Disziplin schützen.

„Gebt negativen Schwingungen keine Gelegenheit, euren Körper zu beeinflussen. Ein *sadhak* sollte niemanden unverwandt anschauen. Sprecht nicht zuviel, denn dadurch geht viel vitale Energie verloren. Es ist für einen *sadhak* sehr ratsam, mit anderen keinen Umgang zu pflegen. Zwar wird gesagt, dass es sich bei allen um menschliche Wesen handelt, doch sind denn alle Menschen gleich? Manche von ihnen sind Diebe, andere sind unschuldig, wiederum andere sind mitfühlend. Mit Sicherheit wird es für den *sadhak* schädlich sein, wenn er Kontakt hat mit Menschen, denen es an spiritueller Kultur mangelt. Wenn wir in engem Kontakt mit einem Leprakranken sind, wird seine Krankheit uns dann nicht auch beeinflussen?

Alle diese Regeln sind notwendig während der Periode des *sadhana,* d.h bevor man *jivanmukti* oder Befreiung erlangt hat. Durch äußere Wachsamkeit kann der *sadhak* am Anfang den Hindernissen widerstehen und sie überwinden. In einem *ashram* oder Kloster sind Disziplin und regelmäßige Routine unerlässlich. Menschliche Wesen benötigen einen Pfad, Die Vögel brauchen keinen. Auch ein *avatar* oder *jivanmukta,* ein befreiter Weiser, ist nicht auf einen Pfad angewiesen. Doch können wir nur Fortschritte machen, wenn wir den Regeln und Anordnungen folgen, die von den heiligen Schriften und großen Meistern vorgeschrieben wurden.

Alle diese Regulierungen mögen einem Nicht-Dualisten als Zeichen von Schwäche erscheinen, doch solche Leute können über Nicht-Dualität lediglich reden. Alle diejenigen, welche das Ziel tatsächlich erreichten, waren Menschen, die den erwähnten Regeln folgten."

Eine solch intensive Art von Disziplin mag nicht für alle *sadhaks* realistisch oder auch nur möglich sein. Viele haben ihre Aufgaben in der Welt zu erledigen, müssen zur Arbeit oder zur Schule gehen. Im idealen Falle sollten sich alle unsere Freunde auf dem spirituellen Pfad befinden, doch ist dies manchmal unmöglich. Ohnehin werden zu der Zeit, da wir mit Spiritualität Ernst machen, die meisten unserer weltlichen Freunde uns verlassen haben.

In jedem Fall sollten wir uns über die Wirkung in Klaren sein, die der Kontakt mit anderen Menschen mit sich bringt, ob er unseren Glauben und unsere Hingabe beeinträchtigt oder nicht. Glaube und Hingabe verschwinden nicht so einfach. Es gibt einen Grund dafür, und wir sollten begreifen, worin er besteht, um ihm aus dem Wege zu gehen.

Im Jahre 1978 ging ich für sechs Monate nach Amerika, um mich medizinisch behandeln zu lassen. Ich lebte bei meiner Mutter, da ich niemand anderen dort kannte. Es war kurz, bevor ich Amma kennenlernte. Zehn Jahre lang war ich zuvor in Indien gewesen. Während dieser Zeit hatte ich mich sehr stark in meinem Glauben und meiner Anhaftungslosigkeit gefühlt. 1967 hatte ich mich für die Spiritualität und das Leben als zölibatärer Mönch als den mir einzig gangbaren Weg entschieden. Es war nicht so, dass jemand anders mich davon überzeugt hätte. Ich hatte nicht einmal ein Buch gelesen, das einem einen solchen Lebensstil empfahl; vielmehr entwickelte sich diese Überzeugung ganz von selbst, und ich empfand, dass es keinen anderen Pfad für mich geben könnte. Ich will damit nicht sagen, dass dies die einzige Lebensform für einen spirituellen Menschen ist, doch hatte ich keinerlei Zweifel daran, dass es für mich das Richtige sei.

Heimtückische Gedanken

Ich ging also zu verschiedenen Ärzten und probierte unterschiedliche Behandlungsmethoden aus, doch keine von ihnen führte zu irgendeiner Verbesserung. Nach fünf Monaten stellte ich fest, dass sich mein Geist zu verändern begann. Ich fing an, auf eine für mich untypische Weise zu denken: „Wieso lebe ich auf diese Art und Weise? Warum setze ich mich selbst so großem Leid aus? Alles habe ich verlassen, mein weltliches Glück, meine Vergnügungen, und für was? Allein aufgrund von Hörensagen, dass ein seliger Zustand existieren und erreichbar sein würde, der größer sei als irgendein weltliches Glück. Zehn Jahre habe ich daran gelitten, danach zu suchen, und was ist nun das Resultat? Meine ganze Zeit

verbringe ich damit, krank herumzuliegen. Was für ein Narr ich
doch bin! Was für eine Verschwendung meines Lebens. Ich hätte
auf diejenigen hören sollen, die mir gesagt hatten, dass mich ein
weltliches Leben glücklicher machen würde."

Im nächsten Augenblick - und dies konnte nur auf die Gnade
meines *guru* zurückzuführen sein - dachte ich: „Warum denke ich
so? Was ist mit mir passiert? Ich hatte solche Gedanken doch nie,
als ich noch in Indien war. Es gibt keinen anderen Lebensweg
für mich. Ich war bereits durch das weltliche Leben gegangen,
und hatte seine Selbstsucht und Trivialität klar durchschaut. Es
ist unmöglich, dass ich dorthin zurückkehre. Geht ein Mensch,
der sich auf der Universität befindet, etwa zum Zwecke weite-
rer Studien auf das Gymnasium zurück? Warum finden derart
widersprüchliche Gedanken Eingang in meines Geist? Habe ich
vielleicht noch unerfüllte Wünsche und Ziele?"

Ich versuchte zu begreifen, was vor sich ging. Schließlich
erkannte ich, dass es die Umgebung, die weltliche Atmosphäre
und die Menschen waren, die mich tiefgreifend beeinflussten und
meine spirituelle Natur unterminierten. Wen immer ich auch
traf, jeder ließ entweder subtil durchblicken oder riet offen dazu,
ein „normales" Leben zu führen. Alle meine gesundheitlichen
Beschwerden würden verschwinden und ich würde glücklich werden. Einer meiner wohlmeinenden, jedoch fehlgeleiteten Freunde
schlug sogar vor, wir sollten an die mexikanische Grenze fahren
und einige Zeit mit einer Prostituierten verbringen!

Zu dieser Zeit war ich so krank, das ich nicht einmal aufrecht sitzen konnte. Ich konnte keine zehn Schritte laufen, doch
ich kam zu dem Schluss: „Wenn ich denn sterben muss, dann
soll es auf jeden Fall nicht hier sein; es soll in einer spirituellen
Geisteshaltung und Atmosphäre geschehen. Lieber sterbe ich,
als diese zehn Jahre Knochenarbeit in Form von *sadhana* zu

verschwenden." Ich nahm den Telefonhörer ab und bestellte für den nächsten Tag ein Rückflugticket nach Indien.

Nachdem ich nach Indien zurückgekehrt war, gewann ich meine spirituelle Geisteshaltung zurück. Ich hatte festgestellt, dass die Nahrung, die Gesellschaft, die Gespräche, überhaupt die ganze Atmosphäre uns beeinflussen. Für wie gefestigt im spirituellen Sinne wir uns auch halten mögen, die Atmosphäre ist doch immer stärker als wir, sei es im Guten oder im Schlechten. Mehr als alles andere erkannte ich, dass es mein *guru* war, der mich trotz meiner Unwissenheit aus einer gefährlichen Situation gerettet hatte.

Die Geschichte Vipranarayanas

Nachdem ich nach Indien zurückgekehrt war, stieß ich auf eine Geschichte, die mich in vieler Hinsicht an meine eigene bittere Erfahrung erinnerte und viele spirituelle Einsichten enthielt. Es war die Geschichte *Vipranarayanas*, einem großen Devotee *Mahavishnus*, welcher im achten Jahrhundert in Tamil Nadu lebte.

Vipranarayana wurde in einer Brahmanenfamilie geboren und war damit aufgewachsen, die *Veden* und andere Schriften zu studieren. Er war ebenfalls ein großer Dichter und Musiker. Er hatte sich entschieden, ein lebenslanger Zölibatär, ein *naisht-hika-brahmachari* zu bleiben.

Jeden Morgen ging er zum Baden an den Fluss. machte *mant-ra-japa* und betete zu *Vishnu* in der Form *Sri Ranganathas*. Er hatte ein großes Stück Land für einen *ashram* in der Nähe des Ranga-natha-Tempels gekauft und legte dort einen schönen Blumengarten an. Jeden Tag pflückte er in dem Garten Blumen und machte aus ihnen eine riesige Girlande für den Herrn im Tempel. Während er für *Vishnu* sang, geriet er in eine hingebungsvolle Stimmung, die ihn die Welt um sich herum nicht mehr wahrnehmen ließ.

Eines Tages, während er sich auf dem Weg zum *ashram* und in seiner normalen berauschten Stimmung befand, kamen dort zwei Tänzerinnen *(devadasis)* vorbei, welche Prostituierte waren. Sie beugten sich vor ihm nieder und erwarteten seinen Segen. *Vipranarayana* jedoch war sich ihrer nicht einmal bewusst und ging einfach weiter. Eine der beiden, *Devadevi*, nahm großen Anstoß an diesem Verhalten, was sie als bewusstes Ignorieren interpretierte. Sie war hochberühmt und galt als die schönste Tänzerin im ganzen Königreich. Aus diesem Grund war sie auch voller Stolz. Sie drehte sich um zu ihrer Schwester und sagte:

„Was glaubt dieser Mann, wer er ist, dass er mich so einfach ignorieren und weitergehen kann? Ich bin die schönste Frau im ganzen Land. Wie kann er es wagen!"

„Nein, er ist ein großer Devotee und hat uns wahrscheinlich nicht einmal bemerkt. Komm, lass uns nach Hause gehen", entgegnete ihre Schwester.

„Auf gar keinen Fall! Ich bin kein Niemand, der solch eine Kränkung einfach hinnimmt! Ich wette mit dir, in wenigen Tagen kann ich ihn zu meinem Sklaven machen", sagte *Devadevi*.

„Bitte, Schwester, lass uns nach Hause gehen. Wenn du versuchst, diesen großen Devotee zu Fall zu bringen, wird dich ohne Zweifel eine schreckliche Bestrafung erwarten", flehte die andere.

Doch *Devadevi* gab nicht nach, und während sie nach Hause gingen, heckte sie ihren Racheplan aus. Nachdem sie zu Hause angekommen war, kleidete sie sich als eine Devotee *Sri Vishnus* ganz in Weiß, legte sich eine *tulasi-mala* um ihren Hals, trug Sandelholzpaste auf ihre Stirn und nahm einige Zimbeln in ihre Hände, denn sie war eine versierte Musikerin. Nachdem sie den *ashram Vipranarayanas* erreicht hatte, setzte sie sich nieder und sang hingebungsvolle Lieder. Als er wie gewöhnlich nach Hause kam, bemerkte er sie gar nicht und ging in den Garten. Dies setzte sich fort für ein oder zwei weitere Tage, doch *Devadevi* ließ sich nicht entmutigen. Am dritten Tage schließlich weckte ihn ihre süße musikalische Stimme aus seinen Tagträumen. Er stand da und lauschte für längere Zeit ihrem Gesang. Schließlich fragte er sie, wer sie wäre und wieso sie vor dem *ashram* sitzen würde. Sie antwortete: „Ich wurde in einem Bordell geboren. Meine Mutter wollte, dass auch ich mich verkaufen sollte, doch ich lehnte ab. Seit meiner Kindheit bin ich eine Verehrerin von *Sri Ranganatha*. Meine Mutter verprügelte mich und sperrte mich in ein Zimmer ein. Ich floh jedoch und lief zum Fluss, um mich zu ertränken; ich wollte nicht mehr leben. Gerade in dem Augenbliock, als ich in den Fluss springen wollte, erschienen *Sri Ranganatha* und die Göttin *Lakshmi* vor mir. Sie sagten mir, dass ich zu Eurem *ashram* gehen solle und Ihr mir Zuflucht gewähren würdet. Dies ist der Grund, warum ich hier hergekommen bin. Bitte schickt mich nicht fort."

Als er ihre mitleiderregende und dennoch erstaunliche Geschichte angehört hatte, sagte er ihr, dass sie in einer Hütte im Garten bleiben könnte. Sein Diener warnte ihn, dass sie nichts als Unruhe stiften würde, doch er schlug die Warnung in den Wind. *Vipranarayana* sagte, sie könne im *ashram* bleiben und dort die Tätigkeit einer Gärtnerin übernehmen. Als die Tage vergingen, sprach er ziemlich oft mit ihr und hörte ihre Musik. Unbewusst begann er, ihre Schönheit und liebliche Art zu schätzen. Der Gärtner hatte bald genug von der ganzen Szenerie und kündigte. Eines Nachts kam es zu einem heftigen Wolkenbruch und *Devadevis* Hütte brach zusammen. Dies betrachtete sie als eine gute Gelegenheit, ihren Plan auszuführen. Also ging sie zu *Vipranarayanas* Zimmer und stellte sich auf die Veranda. Schließlich sah er sie und bat sie, hereinzukommen. Als er sah, dass sie durchnässt war, gab er ihr eines seiner Kleidungsstücke und bat sie, sich umzuziehen. Da der Raum sehr klein war, sagte er ihr, sie könne sich in einer Ecke des Zimmers ausruhen. während er in der anderen bleiben würde. Um es kurz zu machen, zu guter Letzt bot sie ihm an, seine schmerzenden Füße zu massieren, und er willigte ein. Wenig später umarmten sie einander - *Devadevi* hatte gewonnen. Daher verließ sie den *ashram* und ging nach Hause, sehr zum Leidwesen *Vipranarayanas,* dessen Geist und Herz von ihr völlig verzaubert waren. Er ging nicht mehr zum Tempel und machte aus seinen Gartenblumen auch keine Girlanden für *Vishnu* mehr. Das Blumen-Opfer zu Ehren des Herrn war zu einem völligen Stillstand gekommen. *Vipranarayanas* Gedanken kreisten nur noch um *Devadevi*. Schließlich hielt er es nicht mehr aus; er ging zu ihrem Haus und flehte darum, sie möge ihn hereinkommen lassen. Als *Devadevis* Mutter sah, dass er kein Geld hatte, warf sie ihn aus dem Haus mit den Worten: „Komm nicht wieder, solange du nicht dafür bezahlen kannst!" Nun war Devadevi traurig und sah ihren Fehler ein. Sie hatte sich tatsächlich in *Vipranarayana* verliebt, der nun weinend auf ihrer Veranda lag. Als *Vishnu* all dies mitansehen musste, kam er noch in derselben Nacht für sich zu dem Schluss, es sei nun an der Zeit, seine Devotees zu retten. Er nahm die Gestalt von *Vipranarayanas* Diener an und klopfte an *Devadevis* Tür. Als die Mutter öffnete, gab er ihr eine gediegene Goldschale und erklärte, es sei die Vorauszahlung für *Vipranarayanas* zukünftige Wünsche.

Als am nächsten Morgen die Türen des Ranganatha-Tempels geöffnet wurden, stellten die Priester mit Entsetzen fest, dass eine goldenen Schale fehlte. Das Schloss an den Toren des *Sanctum Sanctorum* war unversehrt. Es gab keine Anzeichen eines Einbruchs. Hätte irgendein Räuber sich gewaltsam Einlass verschafft, wäre das Schloss aufgebrochen gewesen und die Türen hätten geöffnet sein müssen. Doch dem war nicht so, und kein anderer Gegenstand fehlte.

Die Angelegenheit wurde sofort dem König gemeldet, welcher Soldaten aussandte, um nach der Schale zu suchen. Sie fanden sie schließlich im Hause *Devadevis,* welche auf Befragung erklärte: „*Vipranarayanas* Diener hat sie mir gebracht."

Als die Soldaten diese Nachricht dem König überbrachten, konnte er sich auf den ganzen Fall keinen Reim machen, da niemand das Tempelschloss aufgebrochen hatte. Wie aber konnte dann jemand behaupten, dass *Vipranarayanas* Diener in ihren Besitz gelangt wäre? Unter den gegebenen Umständen war er jedoch gezwungen, die Verhaftung *Vipranarayanas* anzuordnen und zu befehlen, seine beiden Hände abzuhacken. Zu dieser Zeit waren die Könige gottesfürchtig. Sie wandelten auf dem Pfad des *dharma.*

Daher erschien *Sri Vishnu* dem König im Traum und sagte ihm: *Vipranarayana* ist unschuldig. Er hat die goldene Schale nicht gestohlen. Ich war es, der sie zu *Devadevis* Haus brachte!" Sofort ordnete der König *Vipranarayanas* Freilassung an. Bald hatte sich die Nachricht, *Vishnu* sei dem König im Traum erschienen und habe ihm die Unschuld *Vipranarayanas* mitgeteilt, wie ein Lauffeuer verbreitet. Als dies *Vipranarayana* zu Ohren kam, war er fassungslos und gleichzeitig beschämt. „Wie groß der Herr doch ist! Wegen eines Devotees klopft er an die Türe einer Prostituierten!" Von tiefer Reue ergriffen stürmte er in den Tempel und brach dort voller Schmerz in Tränen aus: „Ich hatte Dir gedient, oh Herr, doch aufgrund der betörenden Ausstrahlung *Devadevis* habe ich das alles aufgegeben. Verrückt wie ich war, hörte ich nicht einmal auf den Rat meines Dieners und anderer wohlmeinender Menschen. Bitte vergib mir!"

Auch *Devadevi* erkannte schließlich ihre Narrheit und verbrachte den Rest des Lebens mit hingebungsvollen Übungen. Man sollte niemals glauben, Regeln und Disziplin seien unnötig. Falscher Stolz, schlechte Gesellschaft und weltliche Umgebung haben viele Devotees zu Fall gebracht.

KAPITEL ELF

Der Durst nach Gottverwirklichung

Von allen Eigenschaften, die ein menschlichen Wesen besitzen mag, ist der Durst nach Selbstverwirklichung diejenige, die am seltensten anzutreffen ist. Sri Krishna sagt in der Bhagavad Gita:

> „Unter Tausenden von Menschen strebt vielleicht einer nach Vollkommenheit; und selbst von denjenigen, die strebsam und vollkommen sind, erkennt nur einer vielleicht Mein wahres Wesen."
>
> -Kap.7, v.3

In Shankaracharyas Werk *Vivekachudamani* heißt es:

> „Drei Dinge gibt es, die wahrhaft selten und auf die Gnade Gottes zurückzuführen sind: Eine menschliche Geburt, die Sehnsucht nach Befreiung und die schützende Fürsorge eines vollkommenen Weisen."
>
> -v.3

Mumukshutva oder die Sehnsucht nach Befreiung ist der Wunsch, sich von allen Fesseln zu befreien, indem man sein wahres Wesen erkennt. Alle Arten von Zwängen, mögen sie nun das Ego oder den Körper betreffen, sind einem durch die Unwissenheit auferlegt.

„Ein Schüler kam zu einem selbstverwirklichten Meister und sprach: ,Oh, Meister, Freund all derer, die sich vor Dir verneigen, du Ozean der Gnade, rette mich, der ich in dieses Meer der Geburten und Tode gefallen bin, mit einem einfachen Blickstrahl deiner Augen, der die nektargleiche höchste Gnade über mich ergießt. Wie überquert man diesen Ozean illusorischer Existenz, was wird mein Schicksal sein, und welche Mittel soll ich anwenden? Von alledem weiß ich nichts. Lass dich dazu herab, mich zu erretten, oh Herr, und beschreibe ausführlich, wie ich dem Elend dieses veränderlichen Daseins ein Ende setzen kann.' Der Guru antwortete: ,Du bist gesegnet! Du hast das Ziel des Lebens erreicht und deine Familie geheiligt, weil du die Erkenntnis *Brahmans* zu erreichen wünschst, indem du dich von den Fesseln der Unwissenheit befreist.'"

-Vivekachudamani, v.35,40,50

Man mag fragen, wie man einen solchen Durst entwickeln kann. Der Kontakt mit *mahatmas*, sei es durch ihre lebendige Gegenwart, sei es durch die Lektüre oder das Anhören ihrer Geschichten, sind wirkungsvolle Mittel, diejenigen von uns zu inspirieren, die nach der Göttlichen Erfahrung dürsten, denen es jedoch an Intensität bei ihren Bemühungen mangelt. Für einen *sadhak* ist derjenige Teil der Lebensgeschichte des *gurus* der allerwichtigste, wo beschrieben wird, wie und wann er Loslösung *(vairagya)* von allen weltlichen Bindungen entwickelte.

„Das wichtigste Mittel für die Erlangung der Befreiung ist *vairagya* (Leidenschaftslosigkeit oder Loslösung). Andere Eigenschaften wie etwa Ruhe, Selbstkontrolle,

126

Duldsamkeit und Entsagung von Handlungen kommen später."

-Vivekachudamani, v.69

Die *mahatmas* sagen, einer der Hauptgründe dafür, dass wir keine intensive Sehnsucht nach spiritueller Verwirklichung empfinden, bestehe in unserer Anhaftung an alles, was vergänglich ist. Mit anderen Worten, unsere Aufmerksamkeit und Energie ist größtenteils auf irdische Gegenstände gerichtet - unser Geist ist da, wo unser Herz ist.

Die Empfindung wahrer Loslösung oder Leidenschaftslosigkeit kann mit der Situation verglichen werden, wenn ein Flugzeug am Ende der Startbahn kurz vor dem Abheben ist. An diesem Punkt ist das Flugzeug absolut bereit, die Erde zu verlassen und in den Himmel zu fliegen. Vergleichbares scheint zu geschehen, wenn man die Mängel des weltlichen Daseins wahrzunehmen beginnt und die Unausweichlichkeit des Todes empfindet.

Buddha

Fast jeder kennt die Geschichte *Buddhas.* Er war ein Prinz, der vor mehr als 2500 Jahren im heutigen Nepal lebte. Wie die meisten Prinzen führte er ein Leben voller Luxus und Vergnügungen. Durch Zufall erhielt er die Gelegenheit zu sehen, was außerhalb des Palastes vor sich ging, und er war erschüttert! Er sah alte Menschen, kranke Menschen, verstorbene Menschen und auch einen Asketen. Nie zuvor hatte er derartiges im Inneren des Palastes gesehen - selbstverständlich nicht, muss man sagen. Sein Vater hatte nämlich dafür gesorgt. Als *Siddhartha* (dies war sein Geburtsname) geboren wurde, hatte ein Astrologe vorausgesagt, er könnte ein großer Asket, ein Welt-Entsagender und Weiser werden.

Sein Vater, ein spirituell unwissender Mann, wollte auf gar keinen Fall, dass dies geschehen würde. Er wollte, dass *Siddhartha* den Thron nach ihm besteigen würde. Der König glaubte, dass wenn sein Sohn sich unaufhörlich in Vergnügungen ergehen und niemals Leid erfahren würde - weder eigenes noch das von anderen - sich bei ihm niemals Leidenschaftslosigkeit entwickeln könnte. Doch wie es in einem weisen Spruch heißt:

„Es ist das Schicksal aller
Seelen längst bestimmt von
Gott, gemäß den
Früchten ihrer Taten,
Und was bestimmt ist,
Nie sich zu ereignen -
Von keinem wird es je
Erreicht, wie sehr sie
Sich auch müh'n - doch gilt auch
Dies, dass jedes Ding an
Dem ihm zugewiesenen Tag
Geschehen muss - auch wird's
Vergehen, so sehr du dich
Dazwischendrängen und
Versuchen magst, es
Festzuhalten auf der
Bahn, und dies ist sicher. - Am
Ende werden wir
Begreifen, dass wir
Schweigen sollen."

- Ramana Maharshi

Amma spricht aus eigener Erfahrung, wenn sie sagt, dass unsere wahre Natur Bewusstsein ist, doch dass wir, die Seelen, uns

128

gegenwärtig an den Körper gebunden und mit ihm identifiziert haben. Durch die Sinne dieses Körpers erfahren wir das ihn umgebende Universum und vergessen fast völlig, wer wir wirklich sind. „Fast" - denn da Bewusstsein ebenfalls Seligkeit ist, suchen wir instinktiv ununterbrochenes Glück. Traurigerweise ist eine solche Art von Glück immer mit Schmerz vermischt, da wir nach ihm an den falschen Stellen suchen. Sieben mal vierundzwanzig Stunden pro Woche werden wir nicht nur mit weltlichen Gegenständen, sondern - was viel machtvoller ist - mit weltlichen Ideen und Zielen bombardiert.

In welchem Land der Welt wir heutzutage auch leben mögen, sobald wir sprechen gelernt haben, wird uns von der Familie, von der Gesellschaft und durch die Medien die Idee vermittelt, Glück sei durch Vergnügen zu erlangen. Niemand scheint den Teil mit den Schmerzen zu erwähnen oder auch nur von ihm Notiz zu nehmen.

Die meisten Seelen beginnen erst vom Traum weltlicher Existenz aufzuwachen, nachdem sie wiederholt erfahren haben, wie viel Leid das Leben mit sich bringen kann und es tatsächlich auch tut. Oftmals bedarf es dazu mehrerer Leben, in welchen Freude und Schmerz vermischt sind. An einem gewissen Punkt fühlt sich der *jiva* (die individuelle Seele) unbefriedigt von den Vergnügungen, und er hat genug von den Schmerzen. Durch Gottes Gnade wird er dann mit dem Prinzip der Selbstverwirklichung oder dem Pfad der Hingabe vertraut und erkennt hierin die Lösung seiner misslichen Lage. Aus diesem Grund ist *satsang* so wichtig.

Siddhartha erhielt Aufklärung von seinem Minister, der ihn aus dem Palast in die Welt hinausführte. Als Antwort auf seine Fragen erhielt er die Versicherung, dass die schrecklichen Dinge, die er mit ansehen musste, auch ihm selbst bevorstehen würden.

Dies erschütterte ihn sehr, und er verlor jeglichen Geschmack für alle Dinge der Welt.

Er hatte eine schöne Frau, eine jungen Sohn und alles, was ein junger Mann sich nur wünschen konnte, doch nichts von alledem hatte mehr Bedeutung für ihn, nachdem er die unvermeidliche schmerzhafte Seite des Lebens kennengelernt und verstanden hatte, dass es auch ihn selbst betraf. Anders als die meisten Leute war er nicht bereit, dies ‚unter den Teppich zu kehren‘. Er empfand, dass er daran etwas ändern musste und dass dies nicht darin bestehen konnte, sich noch mehr den Vergnügungen hinzugeben, um Schmerz und Furcht zu betäuben.

Auf den ersten Blick erscheint seine plötzliche Abwendung von weltlichen Dingen ziemlich seltsam. Die meisten Seelen erblicken täglich qualvolle Dinge und erleben während ihres Daseins sogar viel Leid, doch normalerweise werden sie von alledem nicht so sehr abgestoßen, dass sie sich nach innen wenden, um eine Lösung zu suchen. Ihre Anhaftungen verhindern, dass so etwas passiert. Diejenigen, welche rasch aus dem Schlummer des weltlichen Lebens erwachen, hatten mit Sicherheit in ihren vorherigen Leben bereits Leidenschaftslosigkeit erreicht und sich spirituellen Übungen unterzogen. Als Antwort auf *Arjunas* Frage, was mit denjenigen Aspiranten geschehe, die aufgrund mangelnder Bemühung in ihrem vorherigen Dasein noch keine Selbstverwirklichung erreicht haben, sagt *Sri Krishna*:

„Nachdem er die Welt der Rechtschaffenen erlangt und sich dort für eine sehr lange Zeit aufgehalten hat, wird der, welcher vom *yoga* abgekommen ist, in einem reinen und wohlhabenden Haus wiedergeboren. Oder er wird tatsächlich in einer Familie weiser *yogis* geboren; wahrlich, eine solche Geburt ist in dieser Welt schwer zu erreichen. Hier kommt er mit dem Yoga-Wissen in Berührung, das er sich in seinem früheren Körper angeeignet hat, und nun strebt er mehr als zuvor nach Vollkommenheit, oh *Arjuna*. Durch jene frühere Praxis wird er unwillkürlich vorwärtsgetragen... Der *yogi*, der mit Eifer strebt und im Laufe vieler Geburten frei von Sünde und vollkommen geworden ist, erreicht das höchste Ziel."

-Bhagavad Gita, v.41-43,45

Die Geschichte eines Kali-Verehrers

Es gibt eine interessante Geschichte, welche diese Wahrheit illustriert: Es war einmal ein *sadhu*, ein Verehrer der Göttlichen Mutter, der eine sehr schwierige Form des *sadhana* praktizierte. Er hatte sich an einer Verbrennungsstätte auf eine Leiche zu setzen, *mantras* zu Ehren der Göttin Kali zu rezitieren und um Mitternacht eine *Kalipuja* auszuführen. Er hatte all die zahlreichen Utensilien für dieses Ritual bereitgelegt, setzte sich auf die Leiche und begann mit seinem *japa*, als plötzlich aus dem Wald ein Tiger herbeisprang und ihn auffraß.

Der Bedienstete des Kali-Verehrers, ein einfacher, aber frommer Mann, der dem *sadhu* dabei geholfen hatte, all die verschiedenen Puja-Materialien herbeizuschaffen und bereitzulegen, war auf einen Baum geklettert, als er das Rascheln im Gebüsch vernahm. Nun, da der *sadhu* tot und der Tiger verschwunden war, dachte er bei sich, obwohl er sich immer noch in einem Schockzustand befand: „Ich möchte nicht, dass diese kostbaren Puja-Materialien und die seltene Gelegenheit der Verfügbarkeit einer Leiche verschwendet werden." Also setzte er sich auf die Leiche, um das Ritual auszuführen.

Sofort erschien die Göttin *Kali* vor ihm in all ihrer Glorie und sprach: „Ich segne dich, mein Kind, mit der höchsten Gunst - der Erlangung der Gottverwirklichung."

Voller Erstaunen sagte er: „Mutter, mein Freund durchlitt viele Schmerzen, um all diese Puja-Utensilien zu sammeln, und er besaß so viel Geschicklichkeit und Gewandtheit darin, Dich zu verehren. Er jedoch wurde von einem Tiger gefressen, während ich selbst überhaupt nichts weiß, einfach nur auf einer Leiche sitze und mich frage, was ich als nächstes tun soll. Ich möchte wissen, wieso gerade ich Deinen *darshan* bekommen habe, während er sterben musste."

Kali antwortete: „In deinem früheren Leben warst du ein großer Devotee und hast viel *tapas* gemacht. Unglücklicherweise tauchte ein hungriger Tiger auf und fraß dich. also erntest du in diesem Leben die Früchte deiner Hingabe. Dein Freund hingegen besitzt noch viele geistige Unreinheiten und muss daher wiederkommen. Er wird sogar noch mehr an sich arbeiten müssen als zuvor.

Auch *Siddhartha* hatte während seiner Ausflüge außerhalb des Palastes einen *yogi* gesehen. Sein Kamerad sagte ihm, es handele sich bei dem Betreffenden um einen Menschen, der in Hinblick auf Furcht, Alter und Tod nach einer Lösung suchte. Nachdem er hierüber wie auch über alles andere, was er außerhalb des Palastes gesehen hatte, nachgedacht hatte, verließ *Siddhartha* den Palast im Alter von dreißig Jahren und ging in den Wald. Die gesamte Zeit verbrachte er mit der Ausübung von *tapas*. Er war zu dem Schluss gekommen, dass allein der Zustand der Unsterblichkeit seine Probleme und seine Unzufriedenheit lösen könnte.

Er probierte viele Arten spirituellen *sadhanas* aus, doch nicht eine davon brachte ihm die Erleuchtung, nach welcher er suchte. Er wäre aufgrund der Härte seiner Askese in Form von Fasten und Entbehrungen sogar beinahe gestorben. Schließlich jedoch gelangte er zu dem Schluss, er müsse den mittleren Pfad beschreiten, auf dem während des *sadhana* die notwendigen Bedürfnisse des Körpers durchaus berücksichtigt werden. Schließlich setzte er sich unter einen Feigenbaum im heutigen *Bodhgaya* und fasste einen unerschütterlichen Entschluss:

„Ich werde nicht aufstehen, bis ich Erleuchtung erreicht habe."

Durch äußerste Willenskraft und gesammelte einpünktige Konzentration, welche er durch sein intensives *sadhana* erlangte, ging sein Geist auf im unaussprechlichen *nirvana*. Diese höchste Errungenschaft ist unmöglich, wenn man nicht die Art von Intensität besitzt, welche durch die Nähe des Todes hervorgerufen wird. Wenn man versucht, einen Faden durch ein Nadelöhr zu ziehen, wird das nicht gelingen, solange an ihm noch irgendeine Faser heraussteht. Ebenso unmöglich ist es, ins Herz der Wirklichkeit einzudringen, solange sich im Geist noch irgendein anderer Gedanke befindet. Wir müssen vollständige Konzentration besitzen, und sie ist das Ergebnis unaufhörlicher Versuche, die sich über viele Menschenleben erstrecken. Amma sagt, wenn wir jemanden sehen, der intensive Sehnsucht nach Gott besitzt, so können wir definitiv davon ausgehen, dass dieser Mensch sie während seiner vorherigen Leben entwickelt hat. Wenn jemand beim *sadhana* in diesem Leben schnelle Fortschritte macht, bedeutet dies, dass er bereits in früheren Existenzen spirituelle Praxis ausgeübt hat. Wir sollten versuchen, Inspiration von solchen Seelen zu erlangen und so sehr wie nur möglich danach streben, uns in ihre Richtung zu bewegen, damit wir - ebenso wie sie - im nächsten Leben zum Ziel gelangen, vorausgesetzt wir erreichen die Selbstverwirklichung nicht bereits in unserem gegenwärtigen Dasein.

Natürlich ist die eigene Bemühung von äußerster Wichtigkeit, doch noch wichtiger ist es, des Segens und der Gnade eines *mahatmas* teilhaftig zu werden. Die wirkliche Stärke und Ausdauer gründet hierauf. Es ist uns nicht möglich, das spirituelle Ziel allein durch unsere Bemühungen zu erreichen. Wie vermag die winzige, unwissende Seele ihren eigenen Geist zu überschreiten ohne die Gnade eines Wesens, das sich jenseits des Geistes befindet? *Sadhana* zu praktizieren liegt in unseren Händen, und dies ist es, was die Gnade des *gurus* zu uns hinzieht.

Alle Bemühung um Selbst-Läuterung hat ihren Kulminationspunkt im allmächtigen Segen des Gurus.

KAPITEL ZWÖLF

Das Wesen von Avataren

„Wann *mahatmas* auch immer erscheinen mögen - die Menschen werden sich um sie scharen. Sie werden von ihnen angezogen wie der Staub vom Wirbelwind. Ihr Atem, ja selbst der Luftzug, welcher ihren Körper berührt, sind wohltuend für die Welt."

-Amma

W enn eine Blume erblüht, fliegen die Bienen herbei. Die Blume braucht die Bienen nicht zu rufen, damit sie ihren Honig trinken. Vielleicht gibt es einen subtileren Duft, der sie zur Blume führt. In ähnlicher Weise verhält es sich, wenn der reine Geist einer Person in spiritueller Verwirklichung aufblüht. Dann zieht der äußerst subtile göttliche Duft die Devotees an, selbst wenn sie sich dessen nicht bewusst sind. Große Scharen von Menschen folgten Christus, wohin auch immer er ging, und dasselbe galt für den *Buddha*. Nun sehen wir mit eigenen Augen das gleiche im Falle von Amma. Es ist wahrhaft erstaunlich, dass sie, die ein unbekanntes Fischermädchen war, in den letzten fünfundzwanzig Jahren zu einer weltbekannten spirituellen Persönlichkeit und Humanistin geworden ist.

Dies war bei Amma nicht immer so, und vielleicht trifft dies auf das frühe Leben aller Heiligen zu. Als ich Amma kennenlernte, gab es sonntags, dienstags und donnerstags am Abend kleine Gruppen von Besuchern für den *Bhava Darshan*. Zu anderen

Zeiten war manchmal kaum jemand da. Nachdem einige von uns sich dort niedergelassen hatten, begriffen die Menschen durch eigene Erfahrung allmählich, dass Amma eine spirituelle Persönlichkeit und nicht nur ein Kanal für die Götter war, was damals von den meisten angenommen wurde.

Gelegentlich wurde Amma zu nahegelegenen Ortschaften oder in die Wohnungen von Devotees eingeladen. Eines Abends fuhr sie nach Kollam, einer 35 km vom *ashram* entfernten Stadt, um dort in einem Tempel *bhajans* vorzutragen. Niemand war da außer zwei oder drei Kindern mit ihren Müttern. Einerseits waren wir sehr enttäuscht, dass niemand Amma kannte, doch gleichzeitig waren wir auch glücklich, denn selbstsüchtig wie wir waren, dachten wir, nun hätten wir sie für uns allein.

Bei einer anderen Gelegenheit fuhr Amma einmal in eine Stadt namens *Varkala,* die etwa zwei Stunden von *Amritapuri* entfernt liegt. Sie besuchte dort einen kleinen *ashram* in einem Außenbezirk der Stadt, welcher einem Devotee gehörte. Als sie hörten, dass Amma im *ashram* war, kamen etwa zwanzig Leute aus der Stadt, um sie zu besuchen. Als wir die „riesige" Menschenmenge dort bei Amma sitzen sahen, machten wir uns Sorgen, dass wir für den Rest des Tages nicht mehr in der Lage sein würden, Zeit mit ihr zu verbringen. In jenen Tagen war das eine ziemlich große Anzahl von Menschen. Amma sah unseren Gesichtsausdruck und begriff, worüber wir bekümmert waren. Als wir mit dem Auto zu unserem *ashram* zurückfuhren, sagte sie: „Es wird der Tag kommen, wo ihr ein Fernglas braucht, um mich zu sehen!" Wir waren sehr erschüttert und verstanden nicht, was sie damit meinte. Wir hofften, dass sie einfach einen Witz machte. Niemals hätten wir uns vorstellen können, dass so viele Menschen kommen würden, um sie zu sehen. Es dauerte nicht so sehr lange, bis diese prophetischen Worte wahr wurden.

In jenen Tagen mussten wir zu den Menschen gehen, um sie zu Ammas Geburtstag einzuladen. Selbst nach einer solchen Einladung waren es höchstens zwanzig oder dreißig Leute, zusätzlich zu den Dorfbewohnern. Doch dann kamen in einem Jahr plötzlich tausend Leute, und danach wurden es immer mehr. Tatsächlich war ich aufgrund von Unwissenheit und Selbstsucht ein wenig aufgeregt, als immer mehr Menschen auftauchten. Amma verstand, was in meinem Geist vorging und rief mich eines Tages zu sich. Sie sagte:

„Wenn du darüber aufgebracht bist, mit anzusehen, dass immer mehr Menschen kommen, um mich zu besuchen, was für einen Sinn macht es dann, dass du hier bist? Je mehr Leute kommen, desto glücklicher bin ich, denn dies ist der Zweck meiner Geburt - mit so vielen Devotees zusammen zu sein, wie nur möglich. Das ist der Grund, warum ich umherreise. Für mich selbst habe ich nichts zu erreichen; vielmehr dient es der spirituellen Erhebung der Menschen."

Der Atem des Lebens

Im Alten Testament (Genesis) gibt es einen Spruch, der folgendermaßen lautet:

„Und der Herr formte den Menschen aus dem Staub der Erde und hauchte in seine Nasenlöcher den Atem des Lebens. So wurde der Mensch ein lebendiges Wesen."
-Genesis 2:7

Für die rational denkenden Menschen der heutigen Zeit mag dies übertrieben anmuten. Tatsache ist jedoch, dass menschliche Wesen eine Mischung aus Erde, Wasser, Lebenskraft und Bewusstsein darstellen. Es ist sehr interessant, festzustellen, dass Amma, wenn sie einen Gegenstand segnet, diesen an ihre Nase hält, sich einen Augenblick konzentriert und dann auf ihn haucht. Sie tut dies ebenfalls, wenn sie jemanden in ein *mantra* einweiht; sie bläst es ins Ohr der betreffenden Person.

Dies mag in Zusammenhang stehen mit einem Ausspruch von ihr, dass selbst der Atem eines *mahatmas* eine reinigende Wirkung hat. Sogar wenn sie einen Brahmasthanam-Tempel einweiht, nimmt sie Blumen, haucht sie an und legt sie anschließend auf die Statue oder das Bild. Offensichtlich ist der Atem eines *mahatmas* ein sehr machtvolles Medium der göttlichen Kraft und Gnade.

Die Allmacht eines Heiligen

„Kinder, Jesus wurde gekreuzigt und *Sri Krishna* starb durch einen Pfeil; all dies geschah nur mit ihrer Einwilligung. Niemand konnte sich ihnen ohne ihre Erlaubnis nähern. Sie hätten diejenigen, die sich ihnen entgegenstellten, zu Asche verbrennen können, aber sie taten es nicht. Sie kamen auf die Welt, um zu zeigen, was Opferbereitschaft bedeutet."

-Amma

Die meisten von uns kennen die Lebensgeschichte von Jesus Christus. In Indien betrachtet man ihn als *avatar*, d.h. als eine menschliche Herabkunft Gottes auf Erden. Im Neuen Testament findet sich die Stelle, wo der arrogante Statthalter Pontius Pilatus zu Jesus sagt, nachdem dieser ihm zur Exekution übergeben wurde:

„Wieso sprichst du nicht zu mir? Weißt du nicht, dass ich die Befugnis habe, dich zu kreuzigen?"

Jesus antwortete: „Du hättest keine Ermächtigung, dies zu tun, wenn sie dir nicht von oben übertragen worden wäre." Mit anderen Worten, Jesu Geburt, sein Leben und sein Tod waren vom Vater, mit welchem er identisch war, vorherbestimmt. Niemand hatte die Macht, ihn aus eigener Kraft zu töten.

Sri Krishnas Leben

Einige von uns wissen vielleicht nicht viel über *Sri Krishna*, abgesehen davon, dass er *Arjuna* die *Bhagavad Gita* übermittelte. Er war eine historische Persönlichkeit, welche gemäß hinduistischer Überlieferung vor 5000 Jahren in Nordindien geboren wurde. Während seiner Lebenszeit fand zwischen seinen Cousins, den rechtschaffenen *Pandavas,* und den übel gesinnten *Kauravas* ein großer Krieg statt, an welchem auch Alliierte beider Seiten aus ganz Indien beteiligt waren. In diesem Krieg starben innerhalb von achtzehn Tagen vier Millionen Menschen, und nur zwölf Krieger überlebten.

Gandhari, die Mutter der *Kauravas,* glaubte zwar an die Göttlichkeit *Krishnas,* doch gleichwohl war sie am Ende des Krieges sehr erzürnt. Sie stellte sich ihm feindselig entgegen und sprach: „Du hast den Tod meiner Söhne verursacht. Du hättest den Krieg verhindern können, aber du hast es nicht getan. Dadurch sind die *Kauravas* nun beinahe völlig ausgerottet. Genauso wie mein Stamm vernichtet wurde, wird in exakt sechsunddreißig Jahren auch dein Stamm das gleiche Schicksal erleiden; außerdem verfluche ich dich - du sollst denselben Tod wie ein Tier sterben."

Krishna lächelte freundlich zurück und sagte: „Mutter, du hast mich von einer großen Last befreit. Mein Stamm ist so mächtig, dass er von niemandem auf der Welt besiegt werden kann außer durch sich selbst. Du hast mein Problem gelöst. Was meinen Tod anbetrifft, möge es so sein. Ich akzeptiere deinen Fluch und betrachte ihn als Segen."

Demütig verneigte *Krishna* sein Haupt vor ihr, ebenso wie Amma es tut. Was immer Menschen auch zu ihr sagen, ob sie glücklich über sie sind oder sie beschimpfen, sie verneigt ihr Haupt in Demut und betrachtet alles als den Willen des Göttlichen. Nach dem Krieg begab sich *Krishna* zurück nach *Dvaraka*, wo er und sein Volk lebten. Eines Tages, nachdem die sechsunddreißig Jahre vorüber waren, spielten einige Jugendliche des Stammes in einem Hain außerhalb der Stadt. Seltsamerweise beschlossen die eigentlich wohlerzogenen Jungen, einigen weisen Männern, die auch dort anwesend waren, einen Streich zu spielen. Sie verkleideten einen der Jungen als Mädchen und legten ein Kissen unter sein Gewand, wodurch er so aussah, als ob er schwanger wäre. Sie gingen zu den Weisen und sagten: „Oh, ihr Weisen, ihr wisst alles über die Zukunft, bitte sagt uns, ob dies schwangere Mädchen einen Jungen oder ein Mädchen gebären wird."

Wäre dies Amma gewesen, hätte sie wahrscheinlich nur darüber gelacht und in dem Kissen herumgestochert, doch in jenem Fall existierte ein Fluch, der sich erfüllen musste. Die Weisen fühlten sich herausgefordert und wurden ärgerlich. Sie sagten: „Ihr unverschämten Bengel! Dieses Mädchen wird eine eiserne Mörserkeule gebären, welche die Vernichtung eures gesamten Stammes bewirken wird!"

Als sie das Kissen entfernten, stellten die Jungen entsetzt und schockiert fest, dass sich darunter die eiserne Mörserkeule befand. Außer sich vor Angst liefen sie damit zum König und erzählten ihm, was sich zugetragen hatte. Der König und die anderen Mitglieder des Hofes beschlossen, dass sie zermahlen und der Staub anschließend in den Ozean geworfen werden sollte. Niemand erzählte *Krishna*, was passiert war, wahrscheinlich aus Furcht davor, wie er reagieren würde, doch natürlich wusste er bereits genau, was zu geschehen vorausbestimmt war.

Nachdem man die Mörserkeule zu Staub zerrieben hatte, war immer noch ein kleines Stück übrig, das sich nicht pulverisieren ließ. Danach gingen sie zum Strand und warfen alles ins Meer. Der Staub wurde vom Ufer weggeschwemmt und landete schließlich an der Küste eines Ortes namens *Prabhasa*, wo er sich in ein besonders hartes und schneidend scharfes Gras verwandelte. Das kleine Metallstück wurde von einem Fisch verschluckt, der von einem Fischer gefangen wurde. Als er das Metallstück in dessen Magen fand, formte der Fischer daraus eine Pfeilspitze und gab sie einem Jäger. In und um *Dvaraka* häuften sich unterdessen unheilvolle Vorzeichen oder Omen, die auf Todesfälle hindeuteten.

In allen traditionellen Kulturen ist man der Wissenschaft der Vorbedeutungen (Omen) gefolgt, und zwar bis auf den heutigen Tag. Die zahlreichen Omen und ihre jeweilige Bedeutung differieren von Kultur zu Kultur. Omen können sowohl positive wie negative zukünftige Ereignisse ankündigen. In Indien ist der Glaube an sie integraler Bestandteil des täglichen Lebens, und die Mehrzahl der Menschen machen sich ihn zu eigen. Diese Wissenschaft ist eng mit der Astrologie verflochten.

Omen

Ich selbst hatte zwei interessante Erfahrungen mit Omen und dem an sie geknüpften Glauben. Die erste stammt aus den siebziger Jahren, als ich in Tiruvannamalai lebte. Mein Gärtner hatte wirklich einen grünen Daumen, wenn er etwas anbaute und irgendwelche Pflanzen züchtete. Er war viele Jahre lang ein Bauer gewesen, hatte seinen Hof jedoch nach dem Tod seiner Frau verlassen und war in die Stadt übergesiedelt. Als ich mich nach einem in Frage kommenden Gärtner erkundigte, empfahl man mir diesen Mann, und so kam es, dass er für mich arbeitete. Er liebte die Pflanzen tatsächlich wie seine eigenen Kinder, so dass der Garten blühte und gedieh.

Ein Teil des Gartens war für Gemüse bestimmt. Da ich nicht viel für den Eigenbedarf benötigte, gaben wir das meiste davon den Nachbarn. Eines Tages ging ich in den Garten, um zu sehen, wie weit die Pflanzen in ihrem Wachstum fortgeschritten waren. Ich erblickte einen riesigen Wachskürbis mit einem Durchmesser von etwa sechzig Zentimetern. Abgesehen von seinem ernährungsspezifischen Wert betrachtet man ihn als sehr wirkungsvoll bei der Abwehr von bösen Geistern und dem bösen Blick. Daher pflegt man ihn an der Außenfront neu gebauter Wohnungen und Häuser aufzuhängen.

Gerade als ich im Begriff war, mich niederzubeugen, um festzustellen, wie schwer er war, hatte ich das Gefühl, als ob ich von einer starken Kraft ins Gesicht geschlagen würde. In einem halbbewussten Zustand lag ich für einige Zeit auf dem Boden, bis der Gärtner herbeikam, um zu sehen, was vorgefallen war. Er half mir auf und erzählte mir, man sollte sich dieser Pflanze mit großer Vorsicht nähern.

Die andere Erfahrung stammt aus dem Jahr 1984, nachdem ich zu Amma gekommen war. Ein junger Mann kam in den *ashram* und bat darum, dort ein paar Tage verbringen zu dürfen. Ihm wurde ein Zimmer gegeben, und er ließ sich nieder. Als wir miteinander sprachen, erzählte er mir, er sei ein Experte im Handlesen. Er schaute sich meine Handflächen kurz an und sagte, kurz bevor er den *ashram* verlassen würde, ließe er mich wissen, was er herausgefunden hatte.

Als ich ein paar Tage später gegen vier Uhr morgens auf der Veranda vor Ammas Haus saß, sah ich, wie er im Begriff war zu gehen. Ich rief ihn zu mir und erinnerte ihn an das, was er in meiner Hand gelesen hatte. Er sagte, dass Amma in der Welt umherreisen würde und ich eine Rolle dabei spielen würde, ihren Namen bekannt zu machen. Zu jener Zeit kamen nur wenige Leute in den *ashram*, und wir hatten ganz sicher nicht genug Geld, um auch nur einen von uns in die Lage zu versetzen, ins Ausland zu reisen. Sobald er zu sprechen aufgehört hatte, ließ ein Gecko sein charakteristisches Tiktik-Geräusch vernehmen. Der Mann deutete auf ihn und sagte: „Hast du das gehört? Wann immer ein Gecko dieses Geräusch macht, wird das, was jemand zuvor gesagt hat, wahr werden." Erst Jahre später erinnerte ich mich verblüfft an die Wahrheit seiner Worte.

Als *Krishna* all der vielen bösen Omen gewärtig wurde, sagte er zu den Leuten, die am Hof versammelt waren: „Wir sollten hier keinen Augenblick länger bleiben. Lasst die Frauen und Kinder nach *Sankhoddhara* gehen; die Männer sollen sich die Küste hinunter nach *Prabhasa* aufmachen. In *Prabhasa* sollten wir alle ein Bad nehmen und zu Göttern, heiligen Männern, Kühen und anderen heiligen Tieren beten. Auf diese Weise werden alle Gefahren abgewendet, und das Gemeinwohl ist sichergestellt."

Krishna wusste, dass die Zeit für die Erfüllung des Fluches gekommen war. Bald nachdem sie dort angekommen waren, begannen die *Yadavas* und alle ihre Verwandten einen stark berauschenden Wein zu trinken. Sie waren nicht mehr Herr ihrer Sinne und stritten miteinander. Das Ganze führte zu einer tödlichen Auseinandersetzung. Als sie keine Waffen mehr hatten, benutzten sie jenes Gras, das mit dem Staub der eisernen Mörserkeule beschichtet war. Am Ende waren alle tot bis auf *Krishna* und seinen Bruder *Balarama*. Letzterer setzte sich zur Meditation nieder und verließ seinen Körper, während er sich in *samadhi* befand. *Krishna* lehnte sich gegen einen Baum, wobei sein linker Fuß auf seinem rechten Oberschenkel ruhte. Ein Jäger hielt seine rosa Fußsohle für das Maul eines Tieres und schoss ihm in den

Fuß, wobei die Pfeilspitze diejenige war, welche ihm seinerzeit von dem Fischer geschenkt worden war. Als er sah, dass der Herr verwundet war, betete er um Vergebung. *Krishna* sagte jedoch: „Habe keine Furcht. Was du getan hast, geschah nur aufgrund Meines eigenen Entschlusses."

Amma betont, dass niemand irgendeine Macht über *avatare* besitzt; die Dinge in ihrem Leben ereignen sich aufgrund ihres eigenen Willens.

Sie werden nicht hilflos wie wir entsprechend ihrem *karma* geboren. Aus freiem Willen kommen sie auf die Welt, und aus freiem Willen verlassen sie diese auch wieder. Sie kennen kein persönliches Verlangen sondern hegen nur den Wunsch, Seelen auf den Pfad zurück zu Gott bringen.

KAPITEL DREIZEHN

Aufwachen aus einem langen Traum

In Indien werden Mönche *sannyasins* genannt. Über sie sagt Amma:

> „Ein *sannyasin* ist jemand, der alles aufgegeben hat. Er erträgt das Fehlverhalten von anderen und vergibt ihnen; voller Liebe leitet er sie an auf dem rechten Pfad. Seine Opferbereitschaft ist beispielhaft. Immer ist er in einem seligen Zustand; seine Freude hängt nicht ab von äußeren Objekten. Er schwelgt in seinem eigenen Selbst."

Ein *sannyasin* ist jemand, der die Freuden und Schmerzen, welche das Leben mit sich bringt, entweder erfahren oder intellektuell tiefgehend analysiert hat. Infolge von Beobachtung hat er sich dazu entschieden, einen Zustand anzustreben, welcher beide transzendiert. Woher weiß er, dass eine solche Möglichkeit existiert? Entweder durch den Kontakt mit einem *mahatma*, der die transzendente Wahrheit erfahren hat, oder - was eher wahrscheinlich ist - durch das Studium der vedantischen Schriften, die den erhabenen Zustand der Selbstverwirklichung beschreiben und rühmen. Traditionellerweise waren dies in Indien die Möglichkeiten, die viele junge Leute aufgrund ihrer Ausbildungsstruktur und Lebensweise hatten. Ein Kind war dazu ausersehen, zunächst die unzähligen materiellen und spirituellen Aspekte des Lebens bei einem gelehrten *guru* zu studieren und danach, als Erwachsener, zu heiraten, um die Erfahrung des Familienlebens zu machen, während die spirituellen und religiösen Übungen fortgesetzt wurden. Nach dieser Lebensphase verließ er schließlich sein Haus und ging in den Wald, um sich von den weltlichen Gewohnheiten (*vasanas*), die er während seiner vorherigen Lebensweise angehäuft hatte, zu läutern. Während dieser Zeit strebte er nach der Erkenntnis des Selbst, mit welchem er bereits in der Jugendzeit durch das Studium des *vedanta* bekannt geworden war.

Die Bedeutung von Entsagung

Das Wort „Entsagung" mag sich für die Mehrzahl der Menschen schrecklich anhören. Es beschwört Vorstellungen herauf, wonach man auf der Suche nach Erleuchtung die einem nahestehenden Personen verlassen und, um seine Nahrung bettelnd, ständig im Land umherwandern müsse. Die meisten Leute haben keinen rechten Begriff davon, was Entsagung wirklich bedeutet.

Entsagung ist wie das Erwachen aus einem langen Traum, so wie eine Schlange, die einen aus einem Alptraum aufweckt. Es gibt die Geschichte eines Mannes, der zu Bett ging und einen äußerst unerfreulichen Traum hatte. Er träumte, er wäre ein überaus armer Mann, der zu stehlen angefangen hatte, um aus seiner Armut zu entkommen - er wurde ein Dieb. Diejenigen, die ihn beim Stehlen ertappten, meldeten ihn den Behörden. Um aus dieser Situation herauszukommen, suchte er viele Leute auf, um von ihnen Hilfe zu erlangen: Freunde, Familienangehörige und Anwälte. Auch betete er zu Gott und den verschiedenen Gottheiten; er tat alles, was er nur konnte, aber vergeblich. Schließlich stellte ihn die Polizei und steckte ihn ins Gefängnis. Er war am Boden zerstört und sehr aufgebracht. Als er so völlig niedergeschlagen in seiner Zelle saß, kroch eine Schlange herbei und biss ihn. Schreiend vor Schmerz wachte er auf. Der Name dieser Schlange ist „Entsagung".

Wenn diese Schlange uns beißt, beginnen wir vom Traum der *maya* aufzuwachen.

Das Gefühl und der feste Glaube, diese Welt sei die einzige Wirklichkeit und dass wir das, wonach wir suchen - Glück, Frieden, Seligkeit, Vergnügen und Genuss - von ihr erhalten könnten, all dies ist ein langer Traum. Die wenigen Augenblicke des Glücks, die die Welt uns zu bieten hat, halten niemals lange genug an. Jugend, Spaß, Unterhaltung - sie sind alle Teile des Lebens; ebenso ist Krankheit ein Teil des Lebens. Altern ist auch ein Teil des Lebens, genauso wie der Tod. Jedermann hat Probleme und muss früher oder später sterben. - Man kann es nicht verhindern. Wie schaffen wir es also, von diesem Traum aufzuwachen? Ob wir wollen oder nicht, letztendlich werden wir uns auf natürliche Weise zu einem Zustand hinentwickeln, wo der Traum uns nicht länger das gibt, wonach wir verlangen: Seligen Frieden. Es geschieht einfach; es ist eine zwangsläufige Entwicklung.

Angenommen es kommt jemand zu euch und fragt: „Was für ein Auto hast du?"

„Ich habe einen Ford."

„Hör mal, ich gebe dir im Tausch für deinen Ford einen BMW, ohne dass du mehr dafür bezahlen musst." Wird irgendjemand dies ablehnen? Wenn jemand sagt: „Ich gebe dir einen besseren Job", so wird man antworten: „Sehr gut." Wenn jemand sagt: „Ich kann dich mit einer hübscheren Freundin oder einem besser aussehenden Freund zusammenbringen", mag man antworten: „Großartig!"

Es gibt viele Möglichkeiten der Verbesserung: Ein Aufstieg, eine Neuanschaffung, eine Steigerung usw.

Ganz mühelos entsagen wir den minderwertigen, geringfügigen, unbedeutenden Dingen und streben nach dem Besseren. Es ist ganz natürlich, und niemand braucht uns davon erst zu überzeugen. Ähnlich verhält es sich auch mit wahrer Entsagung. Während der Pilgerreise von Leben zu Leben, an welcher alle Lebewesen teilnehmen, bis sie schließlich zur Quelle zurückkehren, wo alles seinen Anfang nahm, kommt es irgendwann zu dem Punkt, wo man nur noch das eigene Zentrum erfahren und in ihm wohnen will. Man fühlt sich von allen Dingen desillusioniert, sei es vom Grashalm oder vom höchsten Himmel. Wie *Ramana Maharshi* es ausdrückt:

„Aus dem Meer steigt das Wasser auf und wird zu Wolken; diese fallen als Regen zurück auf die Erde, um dort in Strömen wieder ins Meer zurückzufließen; nichts kann das Wasser daran hindern, wieder zu seiner Quelle zurückzukehren. So kann auch die Seele, die aus Dir hervorgeht, nicht daran gehindert werden, sich wieder mit Dir zu vereinigen, obwohl sie sich auf ihrem Weg in viele Strudel eindreht. Ein Vogel, der von der Erde aufsteigt und sich in den Himmel emporschwingt, vermag mitten in der Luft keinen Ruheplatz zu finden und muss wieder zur Erde zurückkehren. So müssen alle ihre Spur zurückverfolgen, und wenn die Seele ihren Weg zurück zu ihrer Quelle gefunden hat, wird sie in Dir versinken und in Dir aufgehen, oh *Arunachala*, Du Meer der Seligkeit!"

-Acht Strophen an *Sri Arunachala*, v.8

Wenn dieser große Augenblick in der eigenen Evolution gekommen ist, mag einem ein Buch in die Hände fallen, man sieht ein Foto; man hört etwas über eine Person wie Amma oder lauscht einem ihrer *bhajans* auf CD. Manche Menschen lesen vielleicht zum ersten Mal die *Bhagavad Gita,* die Bibel oder einen anderen heiligen Text. Sie fühlen sich verzaubert, so als ob sie aus einem langen Traum aufgewacht wären. „Ja, das ist es! Das ist die wahre Seligkeit, nach der ich gesucht habe, die Antwort auf all meine Zweifel und unsicheren Gefühle!"

Wie viele Menschen sind nicht schon zu Amma gegangen, haben ihren Kopf auf ihre Schulter oder ihren Schoß gelegt und in diesem Augenblick den Geschmack einer Seligkeit bekommen, die sie nie zuvor erfahren hatten, außer vielleicht als kleines Kind, jene Wonne, die das Kind in den Armen der Mutter empfindet, sorgenfrei, friedvoll und glücklich. Selbst ältere Menschen in den Siebzigern oder Achtzigern machen diese Erfahrung, wenn sie zu Amma kommen.

Es ist eher etwas, was sie vergessen zu haben scheinen, nicht etwas, was sie niemals erfahren hätten, mag auch die Zeit, da sie unschuldige Kinder waren, schon lange zurückliegen. Diese Menschen entwickeln eine natürliche Neigung, dies wieder und wieder zu erfahren. So verlieren sie nach und nach den Geschmack für andere Quellen sogenannten Glücks.

Der Prinz und der Yogi

Es war einmal ein Prinz, der in den Wald ging, um dort einen *yogi,* einen *sannyasin,* aufzusuchen. Er beugte sich nieder und warf sich ihm zu Füßen, wie die Menschen es in Indien zu tun pflegen. Als er wieder aufstand, sagte der *yogi:* „Bitte setze dich hin. Kann ich dir eine Frage stellen? Warum wirfst du dich vor mir nieder?"

149

„Nun", antwortete der Prinz, „du bist ein Mann von großer Entsagung. Du warst ein König, ebenso wie mein Vater. Du hast alles hinter dir gelassen, bist hier in diesen Wald gekommen und unterziehst dich asketischen Übungen. Du meditierst, wiederholst unzählige Male dein *mantra* und führst ein einfaches Leben. Alles, was du besitzt, sind ein paar Kleidungsstücke zum Wechseln. Du lebst in einer Hütte. Du bist weit mehr fortgeschritten als ich, denn du hast alles aufgegeben. Deswegen will ich dir meinen Respekt bezeugen."

Der *swami* sagte: „Höre zu, wenn es so ist, wie du sagst und ich ein großer Entsagender bin, dann muss ich mich vor dir niederwerfen und vor dir verbeugen, denn du hast mehr aufgegeben als ich es jemals vermag. Alle Mönche der Welt zusammengenommen kommen deinem Ausmaß an Entsagung nicht gleich." Der Prinz begriff diese Aussage nicht. „Wovon redest du da? Das ist verrückt, was meinst du damit?"

„Hör zu, ich will dir eine Frage stellen. Angenommen ein Mann hat einen wunderbaren riesigen Palast; er kehrt den gesamten Staub des Palastes zusammen und wirft ihn hinaus. Hat er dem Staub entsagt?"

„Nein, das ist überhaupt keine Entsagung. Er ist nur den nutzlosen Abfall losgeworden."

„Nun lass uns annehmen, er kehrt all den Staub zusammen, behält ihn und wirft dann den Palast hinaus? Wie würdest du solch einen Menschen nennen?"

„Er ist ein großer Entsagender, denn er hat eine wertvolle Sache aufgegeben. Er ist ein wirklicher *sannyasin*."

Der *yogi* sagte: „Gut, in diesem Falle bist du ein großer Entsagender, denn du hast den Staub eines Körpers akzeptiert und dein wahres Selbst, den Gott in dir, hinausgeworfen. Du behältst nur den Staub. Wer hat also mehr aufgegeben als du?

Ich habe überhaupt nichts aufgegeben. Ich sitze im Palast des Gottesbewusstseins und betrachte diesen Körper, buchstäblich eine Anhäufung von Staub, nicht als mein Selbst. Tatsächlich habe ich gar nichts aufgegeben. Ich habe nur die wertvollere Sache angenommen."

Im Laufe des spirituellen Lebens findet ihr etwas, was höher und befriedigender ist als alles andere. Ihr findet etwas, was erhaben ist - Gottes Gegenwart, euer eigenes wahres Wesen. Normalerweise befasst sich der größte Teil der Menschheit nicht mit Erhabenheit. Die meisten Menschen wollen entweder körperliches oder geistiges Vergnügen. Es gibt jedoch noch eine andere Art von Freude, nämlich die erhabene und subtile Freude, welche Menschen in der Gegenwart von *mahatmas* wie Amma wahrnehmen - oder auch durch spirituelle Bücher, Meditation, devotionale Gesänge und andere spirituelle Übungen.

Der Sog weltlicher Gewohnheiten

Wir verlieren unseren Geschmack für alte Dinge und halten Ausschau nach neuen, erfreulicheren, doch die Erinnerung und die Sehnsucht nach den alten Dingen mag gleichwohl andauern. Ein Diabetiker weiß vielleicht, dass er keinen Zucker essen soll, doch ist es für ihn nicht einfach, damit aufzuhören. Es dauert eine Weile und verlangt ein wenig Beharrlichkeit und Einschränkung. Erkenntnis muss in die Tat umgesetzt, Willenskraft muss eingesetzt werden. Man ist vielleicht von spirituellen Wahrheiten überzeugt und strebt nach höheren Ebenen innerer Erfahrung, doch wie das Sprichwort sagt, es ist schwierig, einem alten Hund neue Tricks beizubringen. Die alten Pfade weltlicher Gedanken und Handlungen verschwinden nicht einfach. Sie vereiteln die gegenwärtigen Bemühungen, den Geist zu sublimieren.

Amma verwendet das Beispiel eines löchrigen Schlauches, um zu veranschaulichen, wie unsere Anstrengungen, den Geist zu läutern, durch unsere alten weltlichen Gewohnheiten sabotiert werden können. Dadurch, dass das Wasser aus den kleinen Löchern des Schlauches entweicht, wird der Wasserdruck reduziert. Wenn wir in einem Haus wohnen, das mehrere Badezimmer hat, und dort die Dusche benutzen, nimmt der Wasserdruck ab, wenn gleichzeitig noch andere Personen duschen. Wenn wir uns im dritten Stock befinden, kann es sein, dass die Leute, die in den darunter liegenden Etagen das Bad benutzen, uns nur ein paar Spritzer übrig lassen.

In ähnlicher Weise versuchen wir, unsere Gedanken und unsere Aufmerksamkeit durch spirituelle Praxis auf eine erhabenere Stufe zu erheben und unseren Geist in den Zentren über dem Bauchnabel zu festzuhalten, also dem Herzen, der Stirn und dem *cakra* über dem Kopf, wo sich der tausendblättrige Lotos, der Sitz Gottes, befindet. Doch unsere alten Gewohnheiten ziehen uns immer wieder in die Bauchgegend und in noch niedrigere Regionen. Der Körper gleicht einem Haus mit neun Löchern, die sich der Welt um uns herum öffnen. Sieben befinden sich im Kopf und zwei andere darunter. Durch die verschiedenen Öffnungen des Körpers, d.h. durch die Sinnesorgane, fließt unser Bewusstsein ständig nach außen, ähnlich wie bei den Löchern im Schlauch, wodurch die Kraft des Bewusstseins reduziert wird, welche doch gerade benötigt wird, um den Geist in die höheren, erhabenen Erfahrungsbereiche zu ziehen und uns schließlich mit Gott, unserer Quelle und wahrem Selbst, zu vereinigen. Dieses selige Licht müssen wir erfahren, statt unserem Bewusstsein zu erlauben, nach außen zu den Sinnesobjekten zu fließen. Es ist so, als ob wir stromaufwärts schwimmen, um die Quelle des Flusses zu erreichen. Unsere andere Option besteht darin, draußen in der Welt der Freuden und Schmerzen zu verbleiben.

Wut, das größte Hindernis

Wut ist eines der größten Hindernisse bei der Abkehr vom weltlichen Geist. Amma sagt, dass das Problem nicht so gravierend erscheint in dem Moment, wo die Wut uns ergreift, sondern vielmehr erst später, wenn wir feststellen, dass sie uns in höchstem Maße erregt und dazu führt, dass andere Menschen sich vor uns fürchten und uns hassen. Es gibt eine wunderbare Geschichte über einen Menschen, der die Wut beinahe überwunden hätte. Sein Name war *Yudhisthira*. Er war vor vielen Jahrtausenden Kaiser in Indien und ein Cousin *Sri Krishnas*. Als er ein kleiner Junge war, gingen er und seine Brüder gemeinsam zur Schule. Nachdem sie den Lernstoff mehrere Monate lang eingeübt hatten, beschloss der Lehrer, zum ersten Mal im Jahr ihren Leistungsstand zu überprüfen. Einen Schüler nach dem anderen rief er auf und fragte ihn: „Was hast du gelernt?" Alle rasselten ihre Kenntnisse herunter. Am Ende rief er *Yudhisthira* auf und fragte ihn: „Nun, was ist mit dir?" *Yudhisthira* antwortete: „Ich habe das Alphabet und den ersten Satz in meinem Textbuch gelernt." Der Lehrer war überrascht. „Ist das alles? Du hast nur einen einzigen Satz auswendig gelernt? Vier ganze Monate hast du gebraucht, um einen Satz und das Alphabet zu lernen? Deine Brüder und Cousins haben Kapitel über Kapitel gelesen. Ich dachte, aus dir würde einmal ein weiser Mann werden, der nächste Kaiser des Landes." *Yudhisthira* sagte: „Nun, vielleicht habe ich auch einen zweiten Satz gelernt."

Als der Lehrer dies hörte, beschloss er, dem Prinzen eine gehörige Portion Vernunft einzuprügeln. Er nahm einen Stock und schlug ihm damit auf Beine und Arme. Der Lehrer verlor völlig die Fassung und geriet außer sich vor Zorn. Dies setzte sich etwa fünf Minuten fort, und während dieser ganzen Zeit stand der kleine Junge *Yudhisthira* einfach da mit einem seligen und unschuldigen Lächeln auf dem Gesicht. Als er dieses Gesicht sah, erweichte schließlich das Herz des Lehrers. Sein Zorn legte sich, und er hörte auf, ihn zu schlagen. Dann sagte er zu dem Jungen: „Warum bist du nicht wütend geworden? Du bist der Prinz und hast die Macht, mich aus meinem Amt zu entfernen; ich bin nur ein Lehrer. Als ich auf deine Brüder zornig wurde, haben mich einige sogar verprügelt. Wie kommt es, dass du so glücklich und entspannt bist?"

Der Blick des Lehrers fiel auf das offene Textbuch, das auf *Yudhisthiras* Bank lag. Der erste Satz hieß: „Werde niemals wütend und verliere nie die Fassung." Er hatte es vorher nicht bemerkt, doch nun wurde ihm klar, dass der Junge nicht einfach den ersten Satz auswendig gelernt sondern seine Bedeutung tatsächlich in sich aufgenommen hatte, während er selbst, der Lehrer, trotz so vieler Jahre der Lehrtätigkeit überhaupt nichts davon verstanden hatte. Er umarmte den Jungen und sagte, es tue ihm leid.

„Ich habe überhaupt nichts gelernt. Angeblich bin ich ein berühmter Professor; ich habe hunderte von Büchern gelesen, doch nicht eine einzige Sache davon habe ich in mich aufgenommen, während du die erste Lektion wirklich verinnerlicht hast."

Der Junge sagte: „Nun, um die Wahrheit zu sagen, ich war schon ein wenig aufgebracht, als Ihr mich geschlagen habt."

Der Lehrer sagte: „So, das bedeutet dann also, dass du auch den zweiten Satz gelernt hast."

Und wie lautete der zweite Satz? - „Sag immer die Wahrheit."

Wahre Verinnerlichung liegt dann vor, wenn ein Lehrinhalt in die Tat umgesetzt wird. Dies ist die Art und Weise, wie wir eine Lektion aufnehmen sollten; es ist der Maßstab dafür, inwieweit wir Wut überwunden haben. Könnt ihr euch vorstellen, so völlig frei von Zorn zu bleiben und die ungerechtfertigten Schläge von jemandem zu ertragen? Wenn jemand uns beleidigt oder uns nicht „in korrekter Weise" anschaut, stört das unseren Gemütsfrieden; wir tendieren dann dazu, ärgerlich zu werden. In einigen Fällen können wir so aufgebracht sein, dass wir der Person damit drohen, sie zu verletzen oder umzubringen. Wir alle wissen um die Aggressivität im Straßenverkehr, ausgedrückt in Ungeduld und Zorn. Auf diese Art entstehen Kriege, sei es zwischen zwei Personen, zwischen Religionen oder Staaten.

Ein anderes „Leck" - Selbstsucht

Selbstsucht ist ein anderes „Leck", welches uns hinunterzieht und uns daran hindert, uns zu spirituellen Höhen aufzuschwingen. Wir versuchen, unser wahres Wesen, d.h. unser Selbst zu erkennen - das unendliche, todlose Bewusstsein, welches in der westlichen Philosophie „Seele" genannt wird. Die Seele ist nicht etwas, das wir haben oder was sich im Körper befindet, vielmehr *sind* wir die unsterbliche Seele, die sich irrtümlich mit dem vergänglichen Körper identifiziert.

Selbstsucht lässt uns immer weiter im Traum der *maya* schlafen, jener universalen Macht der Illusion, die unseren Geist nach außen lenkt, fort von unserem „Ich", das unser essentielles Wesen darstellt. Wir alle haben schon selbstsüchtige, ja sogar sadistische und gemeine Menschen getroffen. Vielleicht sind wir sogar selbst eine solche Person!

Es war einmal ein überaus grausamer Mann, der sich eine Freude daraus machte, seine Angestellten zu quälen und dem berüchtigten Ebenezer Scrooge glich. Er stellte einen Mann ein, der als Koch arbeiten sollte, doch er wollte, dass dieser sich von den Speiseresten ernährte, die er selbst nach der Mahlzeit übrig

155

ließ. Der Koch sollte auf keinen Fall dasselbe essen wie er selbst. Am ersten Abend bereitete der Koch ein köstliches Mahl zu, und als der Chef dies sah, dachte er bei sich: „Ich möchte nicht, dass der Koch irgendetwas davon bekommt; er würde dadurch nur verwöhnt. Ich werde alles selbst essen." Er sagte zu dem Koch: „Ich habe jetzt nicht mehr so viel Hunger. Wir werden das morgen essen." Er dachte, wenn er bis zum nächsten Tag warten würde, wäre er so hungrig, dass er die ganze Mahlzeit allein verzehren könnte und für den Koch nichts übrig bliebe. Er sagte: „Aber ich muss dir etwas sagen; wer von uns beiden heute Nacht den besten Traum hat, der kann morgen früh alles allein aufessen." „Gut", sagte der Koch. Der Chef dachte, der Koch sei ein einfacher Bauerntölpel, ein ignoranter Tropf vom Lande; ein solcher Einfaltspinsel würde niemals einen großartigen Traum haben.

Am nächsten Morgen kam der Mann in die Küche und war mehr als bereit, die Mahlzeit hinunterzuschlingen. Gerade in diesem Augenblick kam der Koch herein.

„Nun", fragte der Mann, „was war dein Traum?"

„Zuerst erzählt mir Euren Traum, Meister."

„Mir träumte, ich sei der Herrscher über die ganze Welt. Der amerikanische Präsident, der Premierminister von England, der König und die Königin von Spanien, alle kamen, um mich zu besuchen und beugten sich vor mir nieder. Sogar die Götter standen Schlange im Himmel, um einen Blick von mir zu erhaschen. Die Weisen und Heiligen standen zu meiner Rechten und zu meiner Linken; alle sangen Lobpreisungen, die mich verherrlichten."

Als er dies hörte, begann der Koch zu zittern. Der Chef sagte: „Und was hast du geträumt?"

„Oh, Meister, ich hatte keinen Traum von dieser Art."

„Wirklich?" Der Mann lachte in sich hinein und dachte: „Ganz gewiss werde ich alle Speisen alleine aufessen."

„So, nun erzähle mir, was dein Traum war?"

Der Koch sagte: „Er war schrecklich, ein furchtbarer Alptraum. Ein grässliches Ungeheuer jagte und fing mich ein; es war im Begriff, mich umzubringen."

Der Chef lächelte: „Ja okay, und was geschah dann?"

Der Koch antwortete: „Das Monster sagte: ‚Ich werde dich töten, wenn du nicht alle Speisen aus der Küche aufisst.'"

„Und was hast du gemacht?"

„Was konnte ich schon tun? Ich ging hinunter in die Küche und verspeiste alles, was da war."

Der Chef rief aus: „Warum hast du mich nicht gerufen?"

„Oh Meister, ich versuchte Euch zu rufen, aber als ich Euch mit all diesen wichtigen Leuten zusammensitzen sah, fürchtete ich, sie würden mich fragen: ‚Wer bist denn du?' und mich vielleicht sogar töten; also ging ich hinunter und verzehrte die gesamte Mahlzeit."

Ohne dass wir uns dessen bewusst sind, vereiteln unsere Gedanken und Worte unseren spirituellen Fortschritt; sie sind die undichte Stelle, durch welche die positive Wirkung unseres *sadhana* „entweicht". Wir verhalten uns negativ, weil wir uns davon irgendeinen Vorteil versprechen, doch Tatsache ist, dass solche Handlungen auf uns selbst zurückfallen, und sei es auch nur in der Weise, dass sie den Traum von Leben und Tod noch realitätsnäher machen. Dadurch aber wird es noch schwieriger, aus ihm aufzuwachen. Einige Devotees haben das Gefühl, sie machten trotz ihrer Bemühungen keine großen Fortschritte. Sie haben vielleicht die Empfindung, Gott oder ihr *guru* ließe ihnen keine Gnade zuteil werden. Stattdessen sollten sie lieber ihren Geist und ihre Handlungsweisen genauer beobachten und herausfinden, ob sie sich wirklich auf den Pfad, welchen der *guru* ihnen zeigt, einlassen oder einfach nur ihren eigenen Neigungen folgen.

Wirkliche Entsagung besteht darin, dem Sog unserer negativen *vasanas* zu widerstehen und gleichzeitig positive Gewohnheiten zu entwickeln. Einfach unser Haus oder unsere Familie zu verlassen wird nicht funktionieren, da unser Geist uns folgt, wohin wir auch gehen. Für manche ist es leichter, die wesentliche Arbeit körperlicher und mentaler Läuterung zu Hause zu leisten.

KAPITEL VIERZEHN

Wie ein Schüler die Gnade des Gurus erfährt

E s wird gesagt, dass einigen glücklichen Seelen zu Beginn ihres spirituellen Lebens ein flüchtiger Eindruck Gottes oder anderer Ausdrucksformen der Gnade gewährt wird. Diese Erfahrung hält selten länger an und wiederholt sich auch nicht. Doch die Intensität der Erfahrung dient als lebenslange Inspiration und Erinnerung, die den Sucher anstößt und antreibt auf dem Weg zur Selbstverwirklichung.

Während der letzten fünfunddreißig Jahre haben wir mit vielen Amma-Devotees gesprochen, über ihre Erfahrungen von Ammas Gnade, die so mannigfaltig sind wie es Devotees gibt. Was in früheren Zeiten nur von einigen seltenen Individuen erfahren wurde, hat Amma, wie es den Anschein hat, großzügig Millionen von Menschen gewährt. Man kann sogar behaupten, dass ein Hauptzweck von Ammas Leben darin besteht, durch ihre göttliche Berührung und Umarmung so viele Menschen wie nur möglich zu erwecken. Sie hinterlässt bei denen, die sie erfahren haben, einen tiefen Eindruck, der ihr Leben verändert.

In der älteren wie auch in der jüngeren Historie finden sich zwei Beispiele großer Devotees, welche die Gnade ihres *gurus* empfingen. Glücklicherweise für uns sind ihre Erfahrungen der Nachwelt überliefert worden. Bei dem einen handelt es sich um den altindischen Weisen *Narada Maharishi*, dessen Lebensgeschichte im *Srimad Bhagavata Purana* erzählt wird. Wir sollten diese Aufzeichnungen sorgfältig studieren, da sie viele inspirierende Gedanken enthalten, die für aufrichtige Devotees sehr wertvoll sind. Das andere Beispiel ist die Aufzeichnung eines russischen Devotees aus dem 19. Jahrhundert, dessen Meister der große russische Heilige Seraphim war. Diese Aufzeichnungen sind vermutlich einzigartig in den Annalen der Geschichte, was die vom Meister vermittelte Gotteserfahrung eines Devotees anbetrifft.

In den alten Zeiten war *Narada Maharishi* eine solche Seele. Er war der Sohn einer Dienstmagd, die für eine Gemeinschaft vedischer Brahmanen arbeitete. Während der Regensaison weilten dort traditionsgemäß viele *yogis*. Zu dieser Zeit pflegte der fünf Jahre alte *Narada* seiner Mutter zu helfen, indem er jenen *yogis* diente. Dabei folgte er ihren erhellenden Diskussionen. Er aß das, was sie von ihren Speisen übrig ließen, wodurch sein junger und unschuldiger Geist gereinigt wurde. Als die Weisen am Ende der Monsunzeit aufbrachen, gaben sie ihm unter Berücksichtigung seines Alters und Temperaments einige spirituelle Unterweisungen, denn seine Wesensart gefiel ihnen. So keimte die Idee der Entsagung von weltlichen Banden in seinem Geist auf. Dann starb ganz unerwartet seine Mutter an einem Schlangenbiss, und *Narada* war nun ganz auf sich allein gestellt. Doch statt sich darüber zu bekümmern, fasste er es als einen Segen Gottes auf, der zum Zweck hatte, ihn von allen Anhaftungen und Abhängigkeiten zu befreien. Er machte sich auf zu einer Reise durch die Welt, wobei er durch viele Orte kam.

Nach einer langen Wanderung war er völlig erschöpft. Inmitten eines dichten Waldes kam er an einen Fluss, wo er anhielt und sich mit seinem Wasser erfrischte. Dann setzte er sich unter einen Baum und meditierte über den Herrn in seinem Herzen, so wie es ihm von den *yogis* gelehrt worden war. Allmählich manifestierte sich Gott in seinem Geist. Überwältigt von Hingabe und Sehnsucht ging er ein in *samadhi*. Plötzlich hörte die Erfahrung auf. Wieder und wieder versuchte er, in diesen Zustand zu gelangen, aber vergeblich. Er fühlte sich äußerst ruhelos und elend, doch dann vernahm er die Stimme Gottes: „Oh *Narada*, ich bedauere, dass du in diesem Leben nicht mehr fähig sein wirst, Mich zu sehen. Ich kann nur von den *yogis* erschaut werden, die frei sind von allen Leidenschaften. Meine Gestalt wurde dir nur einmal offenbart, um deinen Wunsch nach mir zu steigern, denn je mehr du dich nach Mir sehnst, desto schneller wirst du von deinen Wünschen befreit."

Wir müssen nicht so weit in die ferne Vergangenheit schauen, um Devotees zu finden, die durch Gott oder ihren Meister mit inspirierenden Erfahrungen gesegnet wurden. Manchmal kann man sich leichter mit den Lebensgeschichten und Erfahrungen von frommen Seelen identifizieren, die einem historisch näher stehen. Ein solches modernes Beispiel war Nikolaus Motowilow, der ein enger Schüler des selbstverwirklichten russischen Heiligen Seraphim von Sarow (1754-1833) war. Ihm wurde die direkte Erfahrung der Gnade seines Meisters zuteil, und zum Nutzen der Menschheit zeichnete er diese Erfahrung auf, kurz nachdem sie sich ereignet hatte. Immer wieder hatte er Meister Seraphim dazu gedrängt, ihm das Wesen der göttlichen Gnade nicht nur zu erklären, sondern ihm die tatsächliche Erfahrung ihrer Existenz zu übermitteln. Er erzählt folgende Geschichte:

„Dann packte mich Seraphim fest an den Schultern und sagte: ‚Wir befinden uns nun beide in der Gegenwart der göttlichen Gnade, mein Sohn. Warum schaust du mich nicht an?' Ich antwortete: ‚Ich kann nicht, Vater, denn deine Augen funkeln wie Blitze, dein Gesicht ist heller als die Sonne, und meine Augen brennen vor Schmerzen.' Vater Seraphim lächelte. ‚Sei nicht beunruhigt, mein Sohn! Du leuchtest nun genauso wie ich selbst. Du befindest dich selbst in der Fülle der göttlichen Gnade; andernfalls wärest du nicht fähig, mich so zu sehen, wie ich bin.' Dann flüsterte er sanft in mein Ohr: ,Danke dem Herrn für seine unaussprechliche Gnade, die er uns gewährt. In meinem Herzen habe ich zu Ihm gebetet, Herr, lass ihn mit seinen leiblichen Augen die Herabkunft Deiner Gnade erblicken, die du deinen Dienern schenkst, wenn es Dir beliebt, im Lichte Deiner prachtvollen Glorie zu erscheinen. Nun siehst du, mein Sohn, dass der Herr das demütige Gebet des armen Seraphim sofort erfüllt hat. Wie sollten wir ihm nicht dafür danken, dass er uns beiden seine unaussprechliche Gunst gewährt hat? Selbst den größten Einsiedlern, mein Sohn, zeigt der Herr seine Gnade nicht immer auf diese Weise. Dieser Gnade Gottes, die einer liebevollen Mutter gleicht, hat es gefallen, dich zu trösten, doch warum, mein Sohn, schaust du mir nicht in die Augen? Schau einfach her und habe keine Angst! Der Herr ist mit uns!'

Nach diesen Worten blickte ich in sein Antlitz, und mich überkam eine noch größere ehrfürchtige Scheu. Stellt euch im Zentrum der Sonne, im gleißenden Licht ihrer Mittagsstrahlen das Gesicht eines Mannes vor, der zu euch spricht. Ihr seht die Bewegung seiner Lippen und den wechselnden Ausdruck in seinen Augen, ihr hört seine Stimme, ihr fühlt, dass jemand eure Schultern hält, und dennoch seht ihr seine Hände nicht, ja ihr seht nicht einmal euch selbst oder seine Gestalt, sondern nur ein blendendes Licht, das sich mehrere Meter ausbreitet und seinen glänzenden Schimmer sowohl über den Schneeteppich, der die Waldlichtung bedeckt, als auch über die Schneeflocken, die auf mich und den großen Alten fallen, ausbreitet.

Ihr könnt euch vorstellen, in welchem Zustand ich mich befand.

‚Wie fühlst du dich nun?', frage mich Vater Seraphim.

‚Außergewöhnlich gut.'

‚Aber in welcher Hinsicht? Wie genau fühlst du dich gut?'

‚Ich empfinde eine Art von Ruhe und Frieden in meiner Seele, dass ich keine Worte dafür habe, es auszudrücken.'

‚Dies', sagte Vater Seraphim, ‚ist der Frieden, von welchem der Herr zu Seinen Schülern spricht, wenn er sagt: Ich gebe euch Meinen Frieden, ich gebe ihn euch, jedoch nicht in der Weise, wie die Welt etwas gibt.

Denjenigen, die vom Herrn erwählt sind, gibt Er jenen Frieden, den du jetzt in dir fühlst, den Frieden, von dem man sagt, er übersteige alles Begreifen. Es ist unmöglich, das spirituelle Wohlbefinden in Worte zu fassen, das er bei jenen erzeugt, in deren Herzen er es eingeflößt hat. Es ist ein Frieden, der aus Seiner eigenen Freiherzigkeit stammt, und er ist nicht von dieser Welt, denn kein zeitweiliger irdischer Wohlstand vermag ihn dem menschlichen Herzen zu gewähren; er ist einem von oben durch Gott geschenkt, und aus diesem Grunde nennt man ihn den Frieden Gottes.

Was fühlst du noch?', fragte mich Vater Seraphim.

‚Eine außergewöhnliche Süße.'

Er fuhr fort: ‚Nun durchflutet diese Süße unsere Herzen und pulsiert durch unsere Adern mit unsagbarem Entzücken. Diese Süße bringt unser Herz sozusagen zum Schmelzen, und wir sind beide erfüllt von einem Glück, von dem die Sprache keine Kunde geben kann.

Was fühlst du noch?'

‚Eine außergewöhnliche Freude in meinem Herzen.'

Vater Seraphim fuhr fort: ‚Wenn die Gegenwart Gottes in den Menschen herabkommt und ihn mit der Fülle seiner Inspiration überwältigt, dann fließt die Seele über mit unbeschreiblicher

Freude, denn die Gnade Gottes erfüllt alles, was Er berührt, mit Freude.

Was fühlst du noch?'

‚Eine außergewöhnliche Wärme.'

‚Wie kannst du Wärme empfinden, mein Sohn? Schau, wir sitzen im Wald. Es ist Winter und unter unseren Füßen ist Schnee. Auf uns liegt mehr als ein Zoll Schnee, und die Schneeflocken fallen immer noch auf uns herab. Wo soll da Wärme herkommen?'

‚Genauso wie in einem Badehaus, wenn das Wasser auf den Stein gegossen wird und der Dampf in Wolken aufsteigt.'

‚Und der Geruch?', fragte er. ‚Ist er derselbe wie der im Badehaus?'

‚Nein', antwortete ich. ‚Es gibt auf Erden nichts, was diesem Duft gleichkommt. Als ich zu Lebzeiten meiner lieben Mutter Freude am Tanzen hatte und auf Bälle und Feste zu gehen pflegte, sprühte sie mich mit Parfüms ein, die sie in den besten Geschäften gekauft hatte, doch sie strömten nicht einen solchen Duft aus.'

Vater Seraphim lächelte erfreut.

‚Ich weiß es genauso gut wie du, mein Sohn, aber ich frage dich, um zu sehen, ob du es auf die gleiche Weise empfindest. Es ist absolut wahr. Der süßeste irdische Duft kann nicht mit dem verglichen werden, was wir jetzt wahrnehmen, denn wir sind nun eingehüllt vom Duft der Gegenwart Gottes. Was auf Erden käme ihm gleich? Du hast mir gesagt, dass uns eine Wärme umgibt wie in einem Badehaus, doch sieh, weder auf deinem noch auf meinem Leib schmilzt der Schnee, auch nicht unter unseren Füßen. Diese Wärme ist nicht in der Luft, sondern in uns. Es ist dieselbe Wärme, die uns zum Herrn rufen lässt: Wärme mich mit Deiner Heiligen Gegenwart!

Sie war es, die die Einsiedler wärmte, so dass sie den winterlichen Frost nicht fürchteten, sondern, gleichsam wie in Pelzmäntel, eingehüllt waren in das Gnadengeschenk des Mantels, der von der Heiligen Gegenwart gewebt wurde. Und so muss es tatsächlich auch sein, denn die Gnade Gottes muss in uns wohnen, da der Herr gesagt hat: Das Königreich Gottes ist in euch. Mit dem Königreich Gottes meinte der Herr die Gnade der heiligen Gegenwart. Dieses Königreich befindet sich jetzt in uns, und jene Gnade scheint auf uns nieder und wärmt uns ebenfalls von außen. Sie erfüllt die uns umgebende Luft mit vielen wohlriechenden Düften, versüßt unsere Sinne mit himmlischem Entzücken und überflutet unsere Herzen mit unbeschreiblicher Freude. Unser gegenwärtiger Zustand ist derjenige, von welchem gesagt wird: Das Königreich Gottes ist nicht Speise noch Trank, sondern

die Rechtschaffenheit, der Frieden und die Freude in der Heiligen Gegenwart.

Unser Vertrauen beruht nicht auf den einleuchtenden Worten irdischer Weisheit sondern auf dem Beweis der Gnade und der Kraft. Dies ist genau der Zustand, in welchem wir uns nun befinden. Sieh, mein Sohn, welche unaussprechliche Freude der Herr uns gewährt hat! Dies bedeutet wahrhaft, in der Fülle der heiligen Gegenwart zu existieren. Der Herr hat uns arme Geschöpfe nun mit der Fülle seiner Gnade zum Überfließen gebracht. Es besteht nun keine Notwendigkeit mehr zu fragen, wie Menschen der Gnade Gottes teilhaftig werden.'"

KAPITEL FÜNFZEHN

Sadhana und Tränen

Ich habe zunächst gezögert, dieses Kapitel zu schreiben, da ich weiß, wie ich mich selbst manchmal fühle, wenn Menschen mir ausführlich von ihren körperlichen Beschwerden berichten. Daher vermeide ich es, anderen von meinen eigenen Problemen zu erzählen. Ich frage mich, wie Amma in der Lage ist, stundenlang dazusitzen und sich ein Problem nach dem anderen anzuhören.

Im Laufe der Jahre haben mich jedoch viele Devotees gefragt, wie ich es schaffe, trotz lähmender körperlicher Schwierigkeiten mein *sadhana* auszuüben. Da viele von uns sich früher oder später einer solchen Herausforderung stellen müssen, wird sich dieses Kapitel vielleicht für den einen oder anderen Devotee und *sadhak* als nützlich erweisen. Seien Sie also bitte nachsichtig mit mir. Diejenigen von Ihnen, die daran kein Interesse haben, schließen bitte jetzt das Buch, da es sich um das letzte Kapitel handelt!

Als ich noch in den USA lebte, war ich niemals krank, sobald ich die Kindheit und die mit ihr verbundenen Krankheiten hinter mir gelassen hatte. Doch vom ersten Tag an, da ich mit achtzehn Jahren das Schiff nach Indien betrat, begannen die Probleme. Ich hatte mich dafür entschieden, ein Kreuzfahrtschiff und einen Frachter zu benutzen, da es sich dabei um eine billige und gemächliche Form der Reise handelte. Es dauerte etwa einen Monat, bis wir auf dem Weg nach Indien Japan erreichten. Vom ersten Tag an klagte ich über ernste Verdauungsstörungen.

Zeitweise war ich zehn Tage lang nicht fähig, auf die Toilette zu gehen, und danach musste ich plötzlich andauernd das Badezimmer aufsuchen, wo immer ich mich auch befand. Ich hatte keine Ahnung, was der Grund dafür war. Ich dachte, es sei vielleicht auf das Wasser oder das Essen auf dem Schiff zurückzuführen, doch hatte kein anderer dort derartige Beschwerden, zumindest nicht die Leute, die ich kannte. Dies setzte sich während meiner ersten zwei Jahre in Indien fort. Es war eine Vorbereitung auf das, was noch kommen sollte. Während ich auf dem Schiff war, pflegte ich morgens um vier Uhr aufzustehen, zu duschen und nach oben an Deck zu gehen. Die reine Atmosphäre und Einsamkeit des Ozeans war belebend. Bis zum faszinierenden Sonnenaufgang meditierte ich und machte dort meine Yoga-Übungen. Schließlich erreichte ich Tiruvannamalai und ließ mich im *ashram* nieder; es gab in meinem kleinen Raum kein angrenzendes Badezimmer, so dass ich oftmals ganz plötzlich quer über das Gelände zu den öffentlichen Toiletten laufen musste, mochte es nun tagsüber oder des Nachts sein. Langsam bekam ich das Gefühl, dass dies nicht normal sein konnte und ich dagegen etwas unternehmen müsste. Obwohl es meine tägliche Routine nicht direkt beeinflusste, machte ich mir ein wenig Sorgen. Ich ging zu einem örtlichen homöopathischen Arzt, der mir ein paar Tabletten gab und sagte, ich solle nach einem Monat wiederkommen. Nun fingen die Probleme erst richtig an. Sobald ich die Medizin einnahm, fühlte ich mich von Müdigkeit überwältigt. Ich konnte morgens kaum aufstehen oder auch nur eine kurze Strecke gehen. Auch ließen die ursprünglichen Beschwerden, derentwegen ich die Medizin überhaupt nahm, nicht nach. Ich ging wieder zum selben Arzt, um ihm dies mitzuteilen, doch er war aus der Stadt weggezogen. Sein Sohn erzählte mir, dass alle Patienten seines Vaters, die diese

Medizin einnahmen, über die gleichen Müdigkeitsprobleme klagten. Ich beschloss daher, die homöopathische Behandlung abzubrechen, doch die Müdigkeit blieb. Tatsächlich hielt sie bis auf den heutigen Tag an. Ich versuchte alles Mögliche wie etwa die Einnahme von Vitaminen oder nahrhafte Speisen, aber es machte keinen Unterschied. Danach begannen die Versuche mit allopathischer Medizin, Ayurveda, Naturheilverfahren und anderen Behandlungsmethoden, doch ohne Erfolg. Bis zu dem Augenblick, da die Müdigkeit ihren Anfang nahm, besaß ich den gewöhnlichen eigenwilligen, arroganten und ungehorsamen Geist eines normalen amerikanischen Teenagers. Mein Vater starb, als ich zwölf war, und es gab niemanden, der mich in jenen prägenden Jahren kontrolliert hätte: Meine Mutter hatte nicht das Herz, mich zu disziplinieren. Dies war wahrscheinlich der Grund dafür, warum meine Entwicklung eine solche Richtung nahm. Sonderbarerweise machte diese Haltung jugendlicher Arroganz einem Gefühl der Hilflosigkeit und danach der Demut Platz. Dies wiederum rief eine Empfindung inneren Friedens hervor. All das geschah ziemlich plötzlich. Es war der Beginn einer lebenslangen Praxis der Überantwortung gegenüber dem Leiden und der Einstellung, alles als einen Segen des *gurus* zu akzeptieren. Es war offensichtlich, dass ein solches Gefühl nicht auf bloßes *sadhana* zurückgeführt werden konnte. Außerdem war ich irrtümlich davon ausgegangen, dass spirituelle Praxis zu einem machtvollen Zustand jenseits des Geistes eines gewöhnlichen Menschen führen würde. Ich wusste nicht, dass wahre Spiritualität in der Zerstörung des Ego besteht und die Weite eines egolosen Zustands mit sich bringt. Ich hatte dies zwar alles gelesen, aber überhaupt nicht verinnerlicht; mein arroganter und unreifer Geist war nur zu bereit gewesen, es falsch zu interpretieren.

Ich hatte mich dafür entschieden, den Dienst für meinen damaligen spirituellen Lehrer fortzusetzen, wie schwer es auch sein mochte. Auch machte ich täglich eine *puja* und studierte die Schriften. Alles war eine Last, doch ich war entschlossen, durchzuhalten in dem Glauben, dass alle Schwierigkeiten von Gott kamen, um meinen Geist zu läutern und mich spirituell stark zu machen. Ich beschloss, kein *yoga* mehr zu praktizieren, da es mir nur meine Energie raubte.

Im Laufe der Jahre stellten sich Schmerzen im unteren Rückenbereich, häufige Migräne und Unterleibsschmerzen ein. Nachdem mein Meister im Jahre 1976 das Zeitliche gesegnet hatte, war ich mehr oder weniger bettlägerig. Auf allen Vieren musste ich in die Küche kriechen, um mir etwas Brot und Milch zu holen - die einzige Art von Nahrung, die meine Magenschmerzen nicht verschlimmerte. Trotz allem versuchte ich die Haltung der Überantwortung aufrechtzuerhalten. Da mein Nachbar bemerkte, dass ich überhaupt nicht aus dem Haus ging, besuchte er mich eines Tages, und als er meinen hilflosen Zustand sah, bot er an, dass seine Frau mir täglich etwas zu Mittag kochen würde. Ich fühlte, dass mein *guru* ihn in der Stunde der Not zu mir geschickt hatte, andernfalls wäre ich vielleicht gestorben.

Zu dieser Zeit erhielt ich Gelegenheit, nach Mumbai zu fahren und *Nisargadatta Maharaj* zu besuchen, einen selbstverwirklichten Weisen, der in dieser Stadt lebte.

Als ich *Maharaj* traf, erzählte ich ihm von meinen körperlichen Beschwerden. Er sagte:

„Du bist kaum fähig, aufrecht zu sitzen, nicht wahr? Das macht nichts. Der Körper von manchen Menschen wird krank, wenn sie sich aufrichtig der Meditation und anderen spirituellen Übungen widmen. Es hängt von der physischen Konstitution der jeweiligen Person ab. Du solltest mit deinen Übungen nicht aufhören, sondern weitermachen, entweder bis du das Ziel erreicht hast oder bis der Körper stirbt."

Ich erinnerte mich an das, was *Ramana Maharshi* über Krankheiten gesagt hatte, die durch *sadhana* hervorgerufen werden. Er hatte einem Devotee einmal erklärt, dass die Lebenskraft zwar bei den meisten Menschen durch die Sinne nach außen fließen, dass ein spiritueller Aspirant sich jedoch darum bemühen würde, diesen Prozess umzukehren und sie in ihrer inneren Quelle aufgehen zu lassen. Dies führe zu einer Belastung der Nerven, so als ob man einen Fluss stauen würde. Jene Anspannung kann sich in vielfältiger Weise äußern, z.b. durch Kopfschmerzen, körperliche Beschwerden, Verdauungsprobleme, Herzstörungen oder andere Symptome. Das einzige Heilmittel besteht darin, an der eigenen Praxis beharrlich festzuhalten. Er erklärte auch, wie das Selbst sich mit dem Körper identifiziert, wie es sich von ihm loslöst und seine wahre Natur realisiert.

„Es gibt einen ‚Knoten', der als Bindeglied zwischen dem Selbst und dem Körper fungiert. Der Körper ist Materie, das Selbst ist Bewusstsein. Das Gewahrsein des Körpers entsteht aufgrund dieser Verbindung. Ebenso wie der unsichtbare Strom die sichtbaren Drähte durchläuft, wallt die Flamme des Bewusstseins durch die verschiedenen Kanäle oder Nerven im Körper. Es geschieht aufgrund der Ausdehnung des Bewusstseins, dass man sich des Körpers bewusst wird. Da Bewusstsein den gesamten Körper durchdringt, ist man ihm verhaftet, betrachtet ihn als das Selbst und sieht die Welt als getrennt von sich an. Wenn der unterscheidungsfähige Adept Anhaftungslosigkeit entwickelt und die

Idee aufgibt, er selbst sei der Körper, wenn er zielstrebig untersucht, was im Inneren als „Ich" erstrahlt, werden die Nerven aufgewühlt. Durch ein solches Aufwühlen der Nerven wird das Selbst von ihnen abgetrennt und erglänzt, indem es im höchsten Kanal verweilt. Nur wenn das Bewusstsein im höchsten Kanal verbleibt, wird die Verbindung mit dem Körper abgeschnitten und man besteht fort als das Selbst."

-Ramana Gita

Nachdem ich in den *ashram* zurückgekehrt war, entschloss ich mich, nicht mehr an meine Krankheit zu denken und dem Rat dieser *mahatmas* zu folgen, mit meinem *sadhana* fortzufahren und mich zu überantworten. Zu dieser Zeit lag ich die ganze Zeit im Bett. Inmitten all des Leidens und Wartens fühlte ich mich niedergeschlagen. Interessanterweise stieß ich auf einige Verse *Sri Anandamayis*, eines weiblichen *mahatmas* aus Nordindien, die mir etwas Ermutigung und Orientierung gaben. Sie sagt:

„Gott selbst offenbart sich in scheinbar unerträglichem Leiden. Du kannst die Mutter nicht finden, bis der Glaube in dir erwacht, dass was immer sie auch tut, nur das beste für ihr Kind ist. Sobald der *guru* einen Schüler angenommen hat, wird er ihn, bis das Ziel erreicht ist, niemals verlassen. Bemühe dich bis zu dem Äußersten deiner Kraft, wie schwächlich diese auch sein mag. Der *guru* ist da, um zu erfüllen, was noch nicht getan wurde. Strebe danach, dich selbst aufzugeben und dich Ihm rückhaltlos hinzugeben. Dann leidest du weder Kummer, Schmerz, Enttäuschung noch Frustration. Bedingungslose Überantwortung an Ihn ist der beste Trost für den Menschen."

Bald danach fand ich mich zu Ammas Füßen wieder. Obwohl ich krank war, befand ich mich im Himmel. In einem gewissen Ausmaß brachte mir Amma durch ihre Segnungen meine Gesundheit zurück, und ich war fähig, wenn auch unter Schwierigkeiten, eine Menge Arbeit im *ashram* zu erledigen. Durch ihr Beispiel und ihre Anleitung lernte ich allmählich, mich nicht allzu sehr um den Körper zu bekümmern und mich Gottes Willen hinzugeben.

1990 sandte Amma mich in ihren *ashram* nahe bei San Francisco, wo meine Aufgabe darin bestand, *satsangs* zu geben, *bhajans* zu leiten, Vorträge über Ammas Lehren im Lichte der alten indischen Schriften zu halten, Devotees zu treffen und Bücher zu schreiben. Obwohl es ein ständiger Kampf war, empfand ich es als einen Segen, in der Lage zu sein, Amma auf diese Weise zu dienen. Ich lebte dort bis 2001, doch die letzten beiden Jahre waren furchtbar qualvoll. Ich litt unter unbarmherzigen Migräneanfällen, die alle anderen körperlichen Beschwerden in den Schatten stellten. Ich war nicht länger fähig, die Arbeit, derentwegen ich dort hin gesandt worden war, zu verrichten, und so kehrte ich nach Indien zurück. Während eines Besuchs im dortigen *ashram* hatte Amma gegenüber einem der Devotees erwähnt, dass ich Krebs hätte.

Ich schenkte dem keine besondere Beachtung, da ich zu dieser Zeit keinerlei Symptome verspürte. Nachdem ich nach Indien zurückgekehrt war, entwickelte sich im hinteren Nackenbereich eine Beule. Man diagnostizierte es schließlich als die seltene Form einer Lymphknotenerkrankung, einen bestimmten Typ von Blutkrebs, der die Lymphgefäße attackiert. Die medizinische Literatur sagte, es gäbe dafür keine wirksame Behandlung, und die restliche Lebenserwartung würde etwa drei Jahre betragen. Als ich dies hörte, war ich sehr traurig. Dann entschloss ich mich, das in die Praxis umzusetzen, was ich bis zu diesem Punkt gelernt hatte: Überantwortung und Loslösung. Ich unterzog mich der einzig verfügbaren Behandlung, der Steroidtherapie, die eine erhebliche Gewichtszunahme und ein ansteigendes Schwächegefühl mit sich brachte. Dies setzte sich über etwa sieben Jahre fort. Während dieser Zeit führte ich meinen Kampf weiter und arbeitete im AIMS-Krankenhaus im Bereich Grafik und Design, einer Tätigkeit, die ich zu der Zeit, als ich in San Francisco war, gelernt hatte.

Nach sieben Jahren hörten die Steroide auf zu wirken und die Lympherkrankung weitete sich aus. Der Arzt meinte, wir sollten es mit Chemotherapie versuchen, die etwa vier Monate andauerte. Nach acht Monaten des Rückgangs kehrte der Krebs zurück, diesmal jedoch in einer Form, bei der eine Heilungschance von 90 % bestand. Wieder musste ich mich für vier Monate verschiedenen Arten der Chemotherapie unterziehen, an deren Ende der Krebs abermals zurückging, ein Prozess, der bis jetzt (fünf Jahre später) andauert. Unglücklicherweise führte dies zu einer permanenten Schwellung eines Beines.

Alle Probleme, die ich hatte, als ich 1979 nach Amritapuri kam, sind immer noch da, wenn auch in reduzierter Form. Niemals gibt es bei der Praxis der Überantwortung und Loslösung einen flauen Augenblick. Es scheint, dass solch eine beständige Einübung allmählich einen Zustand der Heiterkeit und Furchtlosigkeit mit sich bringt. Ist es nicht das Ego - d.h. das sich mit dem Körper identifizierende Wesen - was sich bekümmert und aufregt? Überantwortung bewirkt nach und nach seine Ausdünnung und schließlich seine Auslöschung.

Adi Sankaracharya, dessen Philosophie des *advaita vedanta*, d.h. der Wissenschaft der Selbstverwirklichung, auch von Amma gelehrt wird, sagt:

„Nach dem Selbst zu streben, während man den vergänglichen Körper in Ehren hält, gleicht dem Versuch,
einen Fluss zu überqueren, indem man sich am Maul
eines Krokodils festhält."

-Vivekachudamani, v.84

Solche Aussagen von Weisen der Vergangenheit und das Beispiel
von Ammas Leben müssen ernst genommen werden von denen,
die das gute *karma* haben, sich ein Entkommen aus dem scheinbar
endlosen Kreislauf von Leben, Tod und Wiedergeburt zu wünschen. Es ist offensichtlich, dass Amma sich unserer Schwierigkeiten jederzeit voll bewusst ist, wenn sie es auch gelegentlich nicht
zeigen mag. Vor vielen Jahren, als der *ashram* gerade gegründet
worden war, kehrte Amma von einem Ausflug zum Haus eines
Devotees zurück und kam zu mir. Sie sagte, sie hätte an mich
gedacht und währenddessen ein Lied für mich komponiert. Es
trug den Namen *Ishwari Jagadishwari*:

„Oh Göttin, Göttin des Universums, das du fortbeste-
hen lässt, Du gewährst Gnade und ewige Befreiung,
bitte erlöse mich von all meinem Kummer.

Ich habe die Freuden dieses weltlichen Lebens, das so
voller Elend ist, gesehen; lass mich nicht leiden wie die
Motten, die ins Feuer fallen.

Vorne gefesselt von der Schlinge der Begierde und hinten von der des Todes, oh Mutter - ist dieses Spiel, beide
miteinander zu verknüpfen, nicht erbarmungswürdig?

Was man heute erblickt, ist schon morgen nicht mehr
da. Oh, reines Bewusstsein, dies ist Dein Spiel. Was
wahrhaft existiert, kennt keine Zerstörung. Alles Zer-
störbare ist vergänglich.

175

Zeige mir nicht den falschen Weg, gieße Deine Gnade über mich, oh Ewige! Oh Mutter, die Du das Elend zerstörst, beseitige die Bürde meines Kummers.

Oh Mutter der Welt, mit gefalteten Händen bete ich darum, das Ziel dieser menschlichen Geburt zu erreichen. Oh Mutter der Welt, die Du alle Gestalten besitzest, ich beuge mich nieder zu Deinen Füßen."

Müssen alle so viel oder sogar noch größeres Leid durchleben wie ich, wenn sie ernsthaft nach dem Selbst streben? Ich weiß es nicht. Ich glaube, dass jeder *jiva* (Seele) seinen eigenen, einzigartigen Pfad zurück zu Gott besitzt. Glücklich sind die, welche bei Amma Zuflucht gesucht haben. Sie kann und wird sie zum Ziel führen, wie lange es auch dauern mag. Was immer jemand auch durchzumachen hat - kindliche Überantwortung an den *guru* stellt den einzigen königlichen Weg zur Befreiung dar.

www.ingramcontent.com/pod-product-compliance
Lightning Source LLC
Chambersburg PA
CBHW060207070426
42447CB00035B/2785